Catequizar... Sempre!

Ministério de Catequista: Caminho de Formação

Dados Internacionais de Catalogação na Publicação (CIP)
(Câmara Brasileira do Livro, SP, Brasil)

Catequizar... sempre!: ministério de catequista: caminho de formação / elaboradores de conteúdo Célio Reginaldo Calikoski...[et.al.]; organização textual Maria do Carmo Ezequiel Rollemberg, Marilac Loraine Oleniki; revisão teológica Débora Regina Pupo. – Petrópolis, RJ: Vozes, 2023.

Elaboradores de conteúdo: Célio Reginaldo Calikoski, Débora Regina Pupo, Flávia Carla Nascimento, Maria do Carmo Ezequiel Rollemberg, Virginia Feronato.
ISBN 978-65-5713-740-6

1. Catequese – Igreja Católica 2. Catequistas – Formação 3. Igreja Católica – Catecismos 4. Ministério (Igreja Católica). I. Calikoski, Célio Reginaldo. II. Pupo, Débora Regina. III. Nascimento, Flávia Carla. IV. Robllemberg, Maria do Carmo Ezequiel. V. Feronato, Virginia. VI. Oleniki, Marilac Loraine.

22-133078   CDD-268.82

Índices para catálogo sistemático:
1. Catequese : Igreja Católica : Cristianismo 268.82
Inajara Pires de Souza – Bibliotecária – CRB PR-001652/O

Catequizar... *Sempre!*

Ministério de Catequista: Caminho de Formação

Elaboradores de Conteúdo
Célio Reginaldo Calikoski
Débora Regina Pupo
Flávia Carla Nascimento
Maria do Carmo Ezequiel Rollemberg
Virginia Feronato

Organização textual
Maria do Carmo Ezequiel Rollemberg
Marilac Loraine Oleniki

Revisão teológica
Débora Regina Pupo

© 2023, Editora Vozes Ltda.
Rua Frei Luís, 100
25689-900 Petrópolis, RJ
www.vozes.com.br
Brasil

Todos os direitos reservados. Nenhuma parte desta obra poderá ser reproduzida ou transmitida por qualquer forma e/ou quaisquer meios (eletrônico ou mecânico, incluindo fotocópia e gravação) ou arquivada em qualquer sistema ou banco de dados sem permissão escrita da editora.

CONSELHO EDITORIAL

Diretor
Gilberto Gonçalves Garcia

Editores
Aline dos Santos Carneiro
Edrian Josué Pasini
Marilac Loraine Oleniki
Welder Lancieri Marchini

Conselheiros
Elói Dionísio Piva
Francisco Morás
Elói Dionísio Piva
Ludovico Garmus
Teobaldo Heidemann
Volney J. Berkenbrock

Secretário executivo
Leonardo A.R.T. dos Santos

Diagramação: Victor Mauricio Bello
Revisão gráfica: Magda Karolyna da Rosa Valgoi
Capa: Ana Maria Oleniki

ISBN 978-65-5713-740-6
Este livro foi composto e impresso pela Editora Vozes Ltda.

SUMÁRIO

Siglas, 6

Apresentação, 7

Palavras e orientações aos catequistas, 9

1. Ministério de Catequista: Identidade, vocação e missão, 13
2. Jesus Cristo, centro da catequese e modelo de catequista, 27
3. O catequista educa para viver e praticar a fé, 43
4. O catequista educa para viver da liturgia, 59
5. O catequista educa para o compromisso cristão, 79
6. O catequista educa para dialogar com Deus, 105
7. A dimensão sociotransformadora da catequese, 121
8. O catequista da inspiração catecumenal, 133

A Palavra de Deus dá sentido e ilumina todas as coisas, 145

Referências, 159

SIGLAS

AM	*Motu Proprio Antiquum Ministerium*
CR	Catequese Renovada: orientações e conteúdo
CIgC	Catecismo da Igreja Católica
ChV	Exortação apostólica *Christus Vivit*: para jovens e para todo o povo de Deus
DNC	Diretório Nacional de Catequese
DC	Diretório para a Catequese
DGC	Diretório Geral para a Catequese
EG	*Exortação Apostólica* Evangelii Gaudium – Sobre o anúncio do Evangelho no mundo atual
FT	Carta Encíclica Fratelli Tutti – Sobre a fraternidade e amizade social
GS	Constituição Pastoral *Gaudium et Spes* – Sobre a Igreja no mundo atual
GeE	Exortação Apostólica Gaudete *et Exsultate* – Sobre o chamado à santidade do mundo atual
IVC	Iniciação à Vida Cristã
LS	Carta Encíclica Laudato *Si'* – Sobre o cuidado da casa comum
LG	Constituição Dogmática *Lumem Gentium* – Sobre a Igreja
RICA	Ritual da Iniciação Cristã de Adultos
SC	Constituição Conciliar *Sacrosanctum Concilium* – Sobre a Sagrada Liturgia
VD	Exortação Apostólica Pós-Sinodal *Verbum Domini* – Sobre a Palavra de Deus na vida e na missão da Igreja

APRESENTAÇÃO

"Este ministério possui um forte valor vocacional [...] é um serviço estável presta-do à Igreja local [...] desempenhado de maneira laical [...] sejam chamados homens e mulheres [que] recebam a devida formação bíblica, teológica, pastoral e pedagó-gica" (AM, n. 8).

Estimados catequistas,
Prezadas coordenações de catequese,
Reverendos sacerdotes,

É com grande alegria que apresentamos a vocês este subsídio de estudo que se propõe a ser um caminho de formação em vista do Ministério de Cate-quista. Desde 2021, com a proclamação do *Motu Proprio Antiquum Ministerium*, do Papa Francisco, por meio do qual ele instituiu o Ministério de Catequista, nos-sas atenções têm se voltado para esse importante tema e os questionamentos são os mais variados possíveis, pois sabemos da necessidade de acompanhar as comunidades catequéticas em seu processo de estudo, conscientização e organização.

Só faz sentido pensar o Ministério de Catequista se ele for inserido na realidade de uma Igreja, toda ela, ministerial, que se entende missionária por natureza. Por isso, ao pensar o Ministério de Catequista como um serviço à comunidade, percebemos que o desafio será o de tornar a comunidade cada vez mais missio-nária, "mais comunicativa e aberta, que coloque os agentes em atitude constante de saída" (EG, n. 27) e a saída é em vista da evangelização entendida como "tornar o Reino de Deus presente no mundo" (EG, n. 176). Pois apenas uma co-munidade renovada é capaz de catequizar e formar novos cristãos.

A CNBB, por meio da Comissão Episcopal para a Animação Bíblico-Cate-quética, em dezembro de 2021 publicou as orientações para organização dos itinerários formativos em vista da instituição do ministério. Na mesma publica-ção também foi sugerida uma espécie de temário com os conteúdos a serem desenvolvidos nas escolas paroquiais e diocesanas. Com o objetivo de auxiliar os formadores, as coordenações, bem como os catequistas em geral, a equipe de reflexão para Animação Bíblico-Catequética do Regional Sul 2 da CNBB, que compreende o estado do Paraná, se propôs a desenvolver tais conteúdos e oferecer aos catequistas este subsídio de estudos, no intuito de que possa contribuir para a formação dos catequistas em nossas comunidades.

Queremos agradecer a todos que colaboram na elaboração desse importante subsídio. Com carinho, o oferecemos a todos os envolvidos na formação dos catequistas para que possamos promover itinerários formativos de inspiração catecumenal que ajudem os envolvidos com a catequese a melhor viver sua missão.

Débora Regina Pupo
Coordenadora da Animação Bíblico-Catequética da CNBB/ Regional Sul 2

PALAVRAS E ORIENTAÇÕES AOS CATEQUISTAS

"Esse chamado pessoal de Jesus Cristo e a relação com Ele são o verdadeiro motor da ação do catequista: 'Desse amoroso conhecimento de Cristo nasce irresistível desejo de anunciá-lo, de 'evangelizar' e de levar outros ao 'sim' da fé em Jesus Cristo' (CIgC, n. 429). A Igreja suscita e discerne essa vocação divina e confere a missão de evangelizar" (DC, n. 122).

O Diretório Nacional de Catequese (DNC, n. 252) afirma que "O momento histórico em que vivemos, com seus valores e contravalores, desafios e mudanças, exige dos evangelizadores preparo, qualificação e atualização". Nesse contexto, a prioridade deve estar no processo formativo dos catequistas. O sétimo capítulo do DNC, dedicado ao Ministério de Catequista e seus protagonistas, apresenta algumas indicações importantes para essa formação.

Não podemos negar a necessidade do uso de uma metodologia adequada para que a catequese cumpra sua finalidade. Também não podemos nos esquecer da importância de conhecer quem são os destinatários, para que as realidades de vida e as histórias pessoais possam ser iluminadas no processo catequético. Entretanto, é inegável que o aspecto mais decisivo na construção do discípulo é o testemunho convicto e esclarecido do catequista. É esse testemunho que tem origem e está sustentado na experiência do encontro com Jesus e na vivência comunitária, que entusiasma e compromete o catequizando.

Esse testemunho esclarecido e convicto, no entanto, exige conhecimento. Para qualquer cristão, a formação responde a uma necessidade constante para chegar a uma fé madura e a uma vida de acordo com a fé professada. Para os catequistas, de modo particular, ela é ainda mais necessária e deve abranger áreas específicas, assumindo o caráter de uma verdadeira "catequese permanente".

O ministro catequista para a catequese de Iniciação à Vida Cristã precisa ser uma pessoa que transmita segurança em sua fé e na vivência cristã. Isso destaca a importância da dimensão do conhecer, porém não apenas como conteúdo, nem como simples informação religiosa. Esse conhecimento, tão necessário, está relacionado à proximidade e à intimidade com Jesus e com a Igreja. Podemos, então, dizer que não é suficiente para o catequista o conhecimento, mas é indispensável aderir à Pessoa de Jesus Cristo e à sua mensagem, confrontando constantemente sua vida com essa Boa-nova.

Ao tratarmos da formação continuada, necessária para exercer o Ministério de Catequista, precisamos cuidar para não nos prendermos apenas às dimensões do saber ou do saber fazer. É importante, e exige atenção, a dimensão do ser, da vivência pessoal e comunitária de fé e do compromisso de transformação do mundo para que a atuação do catequista nunca se afaste do caminho do testemunho. É preciso sair de um conteúdo intelectual para um conteúdo mistagógico em vista de colocar a Palavra de Deus no coração da existência de cada catequizando (cf. DGC, n.146).

ORIENTAÇÕES PARA O ESTUDO

Apresentamos uma proposta de formação para o Ministério de Catequista com o objetivo de oferecer bases mais sólidas de conhecimentos bíblicos, litúrgicos e doutrinais e, principalmente, de contribuir para a formação espiritual. Os temas do estudo são os grandes pilares da mensagem cristã e, como não poderia deixar de ser, fazem parte dos conteúdos da catequese. Esses temas escolhidos abordam as dimensões da fé: professada, orante, litúrgica e vivencial.

Assim como acontece (ou deveria acontecer) nos encontros catequéticos, os participantes da formação não são meros leitores ou apenas ouvintes, mas construtores do seu processo de aprendizagem, que participam ativamente e têm oportunidade de refletir sobre sua caminhada na catequese. Por esse motivo, para cada um dos temas são propostos momentos de estudo, de reflexão pessoal a partir da Palavra de Deus, de partilha de experiências e de oração. Nessa perspectiva, algumas questões são sugeridas para aprofundar a compreensão dos temas e favorecer a partilha. A leitura dos textos referentes aos oito diferentes temas de estudo feita em pequenos grupos contribui para mais empatia e mais espontaneidade nos momentos de partilha. É importante destacar que, de modo muito especial, a Palavra de Deus é a força iluminadora de toda a formação para conduzir a uma autêntica expressão de fé.

Portanto, o estudo de cada tema abrange:

- título, que anuncia o objetivo do estudo do tema;
- epígrafe, que é como um resumo do tema;
- texto para estudo, abordando os principais aspectos do tema no âmbito da catequese;
- texto bíblico, como uma iluminação bíblica do conteúdo;
- questões sugeridas para aprofundar a compreensão, motivar uma reflexão pessoal, uma partilha de percepções e de experiências em pequenos grupos;
- momento orante, para transformar em oração e concluir o estudo do tema.

Concluindo o estudo é oferecida uma sugestão de breves reflexões, A PALAVRA DE DEUS DÁ SENTIDO E ILUMINA TODAS AS COISAS, cada uma delas destacando uma característica (palavra-chave) importante e esperada do ministro catequista. Por fim, após essas reflexões e marcando esse momento formativo, cada catequista é chamado a pensar sobre o ministério que irá assumir e definir seu compromisso para exercê-lo.

Esperamos que essa proposta de formação possa ajudar aqueles que serão instituídos no Ministério de Catequista a crescer na fé, a dar testemunho de Jesus Cristo e a viver seu Evangelho, contribuindo para exercer melhor e de maneira mais profunda seu ministério.

Equipe Regional
Dimensão Bíblico-Catequética do Regional Sul 2

MINISTÉRIO DE CATEQUISTA: IDENTIDADE, VOCAÇÃO E MISSÃO

Débora Regina Pupo

"E, começando por Moisés e passando por todos os profetas, explicou-lhes, em todas as Escrituras, as passagens que se referiam a ele".
(Lc 24,27)

RECURSOS

Bíblia, Diretório para a Catequese, Catecismo da Igreja Católica, papel Kraft recortado no tamanho de cartolina, pincel atômico.

AMBIENTAÇÃO

Preparar a Bíblia ao centro de uma mesa ladeada por uma vela e uma flor; sobre a mesa colocar, também, o Diretório para a Catequese e uma imagem de Nossa Senhora.

INTRODUÇÃO

Quando falamos de catequese faz-se necessário pensar o perfil do catequista na ótica da identidade vocacional, lembrando que a sua vocação específica "tem sua raiz na vocação comum do povo de Deus" (DC, n. 110). Isso significa que o catequista é chamado a reconhecer-se como discípulo missionário, capaz de se colocar diante de Jesus para contemplar suas ações e com Ele aprender a melhor maneira de formar novos discípulos missionários.

Vários textos bíblicos podem ajudar o catequista a refletir sobre sua missão e vocação, bem como sobre sua prática catequética. Um desses textos é o que narra a experiência dos discípulos de Emaús (Lc 24,13-35). É com esse texto que iremos iluminar a nossa reflexão neste estudo.

QUEM É O CATEQUISTA? 1

Para começar nosso diálogo, você é convidado a ler e meditar em sua Bíblia o texto do Evangelho de Lucas 24,13-35, deixando-se envolver pelo que está descrito para contemplar o jeito de agir de Jesus e aprender com ele como ser catequista nas situações em que há dúvidas, desafios e desesperança nas palavras e ações de seus catequizandos.

Nesse texto, podemos perceber que Jesus se aproxima com cautela, com humildade e se faz companheiro de caminhada. Jesus fala a partir da experiência dos dois caminhantes e procura estabelecer um diálogo com eles; sua catequese é fundamentada nas Escrituras, mesmo quando os repreende e procura explicá-las de modo a ser entendido.

Ao chegarem ao seu destino, os dois caminhantes convidam Jesus para permanecer com eles e, no momento da refeição, reconhecem o Mestre. São os gestos de Jesus que o revelam e mostram quem ele é. Quando o reconhecem, eles identificam os sentimentos despertados ao longo do caminho: a presença do Mestre provoca admiração, respeito, acolhida e entusiasmo.

Ao contemplarmos Jesus no caminho de Emaús, aprendemos que somos chamados a nos aproximarmos dos catequizandos para conhecê-los e a interagir com eles, sabendo usar das situações e momentos para anunciar o Evangelho. Observando o modo de agir de Jesus, reconhecemos o desafio de saber utilizar uma linguagem acessível e fundamentada na Palavra de Deus. Nessa perspectiva, tanto o discurso quanto as ações devem ajudar a reconhecer a necessidade de passar do âmbito individual para o comunitário. Só assim, a prática catequética poderá despertar o entusiasmo para seguir a Cristo e anunciar o Evangelho.

O Diretório para a Catequese, em seu n. 111, ao tratar da dimensão comunitária, destaca que "toda comunidade cristã é responsável pelo ministério da catequese". Isso nos leva a reconhecer que ao falarmos da identidade do catequista, um aspecto importante é que ele se reconheça membro de uma comunidade, pois é na comunidade que irá viver seu trabalho e desenvolver sua missão.

Podemos nos perguntar: quem é o catequista? De acordo com a compreensão da Igreja "O catequista é um cristão que recebe o chamado particular de Deus que, acolhido na fé, o capacita ao serviço da transmissão da fé e à missão de iniciar à vida cristã" (DC, n. 112). É Importante lembrar que, uma vez aceito o chamado, o catequista se torna "partícipe da missão de Jesus de introduzir os discípulos em sua relação filial com o Pai" (DC, n. 112). Para isso, é preciso um itinerário formativo que ajude cada catequista a se colocar gradativa e progressivamente diante do Senhor e com ele aprender.

O QUE É UM MINISTÉRIO? 2

A atitude de Jesus para com os discípulos, no Evangelho Segundo Lucas, é exemplo do que significa exercer um ministério: é quando o dom pessoal assume a forma de serviço bem determinado, que responde às exigências permanentes da comunidade e da missão. É importante recordar que ministério é

> O carisma que assume a forma de serviço à comunidade e à sua missão no mundo e na Igreja e que, por esta, é como tal acolhido e reconhecido [...] é um dom do Alto, do Pai, pelo Filho, no Espírito, que torna seu portador apto a desempenhar determinadas atividades, serviços e ministérios em ordem à salvação (Doc. 62, n. 83-84).

Percebemos, pois, que ao falarmos de ministério falamos de serviço à comunidade, de um dom que é colocado em favor do crescimento de todos e para o bem de todos, não de algo que possa nos enaltecer ou nos transformar em uma elite cristã. Na verdade, vai na linha do que alerta Jesus aos discípulos sobre a grandeza de servir: "Se alguém quer ser o primeiro, seja o último e o servo de todos" (Mc 9,35). A instituição do Ministério de Catequista, que se dá em uma comunidade segundo um ritual litúrgico próprio, é, acima de tudo, uma maneira de fortalecer a dimensão eclesial do serviço catequético.

Pela própria definição do termo *ministério* é possível destacar uma primeira implicação pastoral para a catequese, pois somos convocados a viver nossa missão sob a ótica do serviço. Não que antes não a vivêssemos, porém, o fato de oficializar o status de ministério para o serviço catequético coloca a própria catequese no centro de uma reflexão que deve ser, cada vez mais, atualizada e aprofundada.

ALGUNS DESTAQUES DO *MOTU PROPRIO ANTIQUUM MINISTERIUM*

Quando em maio de 2021, o Papa Francisco instituiu o Ministério de Catequista por meio da promulgação da Carta Apostólica em forma de *Motu Proprio Antiquum Ministerium*, muitos questionamentos surgiram e a reflexão sobre o perfil do catequista voltou ao centro dos estudos sobre catequese. Isso porque para a instituição do ministério se faz necessário estabelecer tanto critérios normativos como uma formação, ou seja, indicar um itinerário de preparação à recepção do ministério adequado ao perfil daquele que exerce a missão de transmitir a Boa-nova, para todas as fases do desenvolvimento do ser humano.

Nessa perspectiva, o Papa Francisco ressalta que a catequese é um serviço muito antigo na comunidade eclesial, pois desde os primórdios a comunidade cristã conheceu uma forma difusa de ministerialidade, concretizada no serviço de homens e mulheres que, obedientes à ação do Espírito Santo, dedicaram sua vida à edificação da Igreja (cf. AM, 1).

É possível reconhecer, dentro da grande tradição carismática do Novo Testamento, a presença concreta de batizados que exerceram o ministério de transmitir de forma orgânica, permanente e associada às várias circunstâncias da vida, o ensinamento dos apóstolos e dos evangelistas. O ministério, portanto, é uma maneira de conceder legitimidade e valor ao serviço evangelizador de milhares de catequistas que assumiram a formação de cristãos.

Sem diminuir em nada a missão própria do bispo e dos presbíteros, nem a responsabilidade particular da família no que diz respeito à formação cristã dos seus filhos, é necessário reconhecer a presença de leigos e leigas que, em virtude do seu Batismo, se sentem chamados a colaborar no serviço da catequese. No entanto, precisamos estar cientes de que para despertar o entusiasmo pessoal de cada batizado e reavivar a consciência de ser chamado a desempenhar a sua missão na comunidade, é necessário atenção para escutar o Espírito que nunca deixa faltar a sua presença fecunda.

Receber um ministério laical, como o de catequista, enfatiza o empenho missionário típico de cada batizado, que deve ser vivenciado de forma plenamente secular sem cair em qualquer tentativa de clericalização, pois, o apostolado laical possui, indiscutivelmente, valor secular que exige "procurar o Reino de Deus exercendo funções temporais e ordená-las segundo Deus" (LG, n. 31).

A Carta Apostólica em forma de *Motu Proprio Antiquum Ministerium* (AM), em seu número 8, nos ajuda a compreender que a instituição do Ministério de Catequista exige que sejam estabelecidos alguns critérios, tais como:

- Devido discernimento por parte do bispo.
- Reconhecimento de que é um serviço prestado à Igreja local de acordo com as exigências pastorais identificadas pela Igreja diocesana.
- Compreensão de que é um ministério laical, ou seja, destinado aos leigos e leigas que assumem o serviço da catequese.
- Convite a homens e mulheres de fé profunda e maturidade humana capazes de acolhimento, generosidade e vida de comunhão fraterna, com ativa participação na vida da comunidade cristã.
- Formação bíblica, teológica, pastoral e pedagógica para todos os convidados.

O perfil esperado dos catequistas implica que se identifiquem como colaboradores dos presbíteros e diáconos, estejam disponíveis para exercer o ministério onde for preciso e animados pelo verdadeiro entusiasmo apostólico. Para isso, é necessário que sejam solícitos comunicadores da verdade da fé e que tenham já uma madura experiência prévia de catequese.

A instituição do Ministério de Catequista, estabelecida pelo Papa Francisco, expressa que a Igreja reconhece a importância do serviço evangelizador. É um caminho para tornar visível a especificidade de uma missão que implica ser testemunha da fé e mistagogo ao mesmo tempo.

Para a Igreja, a instituição do Ministério de Catequista pretende ser motivo de unidade e de comunhão, de amadurecimento e crescimento, pois ser instituído como catequista significa dar visibilidade à confirmação do seu sim para um serviço importantíssimo, expressão concreta da missão evangelizadora para o qual é chamado a manifestar sua competência fazendo chegar a todos o Evangelho de Jesus Cristo. Isso requer muita dedicação e esforço para testemunhar com a própria vida a fé, a esperança e o amor.

Nesse processo, para ser eficaz e atender às diversas realidades, é preciso investir em itinerários formativos adequados às demandas de cada comunidade. Também é necessário exortar os catequistas a buscarem a formação com disponibilidade e empenho para que sejam capazes de desenvolver sua identidade de catequista, agindo com coerência e responsabilidade no estudo, na prática da oração e na participação na vida da comunidade.

Nessa perspectiva, é preciso propor itinerários formativos e orantes que envolvam todos os catequistas, bem como coordenadores e assessores, convidando-os a percorrer um caminho dedicado ao estudo e ao aprofundamento. Outro aspecto a ser destacado está associado à necessidade de investimento financeiro para que os catequistas tenham acesso à formação de qualidade que responda às exigências da missão.

Cuidar da formação é o primeiro passo rumo à concretização do pedido do papa e, para isso, é preciso considerar a formação do catequista como responsabilidade comunitária, como prioridade da ação pastoral. É uma formação sólida que possibilitará fazer do catequista um educador da fé. No entanto, é importante ter claro que, ao se pensar o caráter formativo para a recepção do ministério e para contribuir na formação da identidade de ser catequista, não se deseja criar grupos elitizados. A intenção é garantir uma formação que contribua para compreender o ministério como serviço de doação e entrega ligado à comunidade, não como uma premiação.

É possível esperar que, a partir da instituição do ministério, haverá catequistas cada vez mais conscientes de sua missão e vocação, pois, antes de falar do fazer catequese, precisamos falar do ser catequista e ajudar os que se dedicam a esse serviço a compreenderem-se discípulos missionários, membros de comunidades catequizadoras.

A missão que tantos catequistas, mulheres e homens, desempenham se torna uma ação específica no contexto da comunidade cristã. São os responsáveis pela educação da fé, ou seja, pela formação cristã de crianças, jovens e adultos, e pela preparação de celebrações comunitárias, especialmente aquelas que envolvam catequizandos, familiares e catequistas. São leigas e leigos que se colocam a serviço e desempenham sua missão conscientes de serem cristãos, testemunhas de primeira hora e protagonistas na missão de "tornar o Reino de Deus presente no mundo" (EG, n. 176).

Ao pensarmos o Ministério de Catequista como um serviço à comunidade que possibilita o seu crescimento, identificamos que o desafio está em reconhecer que se trata de um ministério para tornar a comunidade cada vez mais missionária, ou seja, "que coloque os agentes em atitude constante de saída" (EG, n. 27). A missionariedade, como aspecto que constitui a identidade do catequista, contribui à renovação da comunidade e à formação de novos cristãos.

O QUE CARACTERIZA A IDENTIDADE DO CATEQUISTA?

3

Para responder essa questão façamos um passeio pelo mundo da literatura.

Na história *O menino do dedo verde*, de Maurice Druon, conhecemos Tistu, um menino especial que tem um segredo: ele tem o polegar verde. Ao conhecer sua história percebemos que o menino tem dificuldades em acompanhar os estudos na escola normal, não consegue ficar fechado em uma sala, seu pensamento sempre voa para longe dos números e das regras de ortografia. Os pais de Tistu, depois de muito tentarem, resolvem que o melhor é educar o filho em casa, a partir da realidade de cada dia e usando os espaços que têm à disposição.

No primeiro dia, dentro do novo sistema educacional, Tistu conhece o Sr. Bigodes, o jardineiro da família, para sua aula sobre a terra e a arte de cultivá-la. Bigodes é um senhor de certa idade, de pouca conversa, cara fechada e, por vezes, um pouco ranzinza, principalmente quando não respeitam seus canteiros. Porém ele é um jardineiro excelente, conhece todos os tipos de flores, folhagens, adubo, terra, enfim, é uma verdadeira enciclopédia!

A primeira aula traz uma grande revelação ao menino, após realizar um trabalho que o Sr. Bigodes havia ordenado. O jardineiro espantado com as flores que nasceram em vasos sem sementes, pede para examinar o dedo do menino e pondera: "meu filho [...] ocorre com você uma coisa extraordinária, surpreendente! Você tem o polegar verde" (DRUON, 2017, p.41).

Dizer que Tistu tinha o dedo verde, significava que ele podia descobrir as sementes escondidas em todos os lugares, bastava ele tocar uma superfície para que a beleza ali escondida se revelasse. Com isso, o garoto ajudou a mudar a cidade, pois por onde ele passava e onde ele tocasse, um jardim nascia e florescia.

Qual a relação disso com a catequese? Ou melhor, com o perfil do catequista? Vamos buscar compreender.

Tistu era um garoto com um dom especial, pois seu polegar descobria as sementes escondidas e permitiam que elas germinassem. Ora, o catequista tem uma missão semelhante, pois, por seu intermédio, as sementes da Palavra escondidas no coração dos catequizandos precisam encontrar espaço para germinar.

Assim como Tistu, cada catequista é desafiado a descobrir as belezas de seus catequizandos e a ajudá-los a reconhecer como podem contribuir para transformar o mundo em que vivemos, como multiplicadores dos valores do Reino de Deus e transmitindo às pessoas como podem ser praticados.

Não podemos duvidar da beleza que existe em cada coração, nem desacreditar na força da semente que levamos conosco. Se catequizar é fazer eco à Palavra, podemos dizer que catequizar é também uma ação de jardinagem, pois ajudamos os catequizandos, bem como suas famílias, a cultivar o encontro com Jesus Cristo para que germinem as sementes da fé, da esperança e do amor a si mesmos, ao próximo e a Deus.

Assim, é parte da identidade do catequista ser, na vida de todos os que encontrar, catequista "do polegar verde", capaz de ajudar a revelar as belezas escondidas nos corações para que o Reino de Deus continue a se desenvolver no mundo. Contribuem ao desenvolvimento da identidade de ser catequista as palavras do Sr. Bigodes a Tistu:

> [...] há sementes por toda parte [...] estão ali esperando que um vento as carregue para um jardim ou para um campo [...] muitas vezes elas morrem entre duas pedras, sem terem podido transformar-se em flor. Mas se um polegar verde encosta numa, esteja onde estiver, a flor brota no mesmo instante (DRUON, 2017, p. 41-42).

ILUMINAÇÃO BÍBLICA – Lc 24,15.27.30.32.33

Começamos nossa conversa recordando a experiência dos discípulos de Emaús; convidamos agora para realizar uma vivência a partir desse texto e refletir sobre sua ação catequética.

PARA PENSAR E PARTILHAR

A partir do texto bíblico, olhar para a própria realidade e responder às perguntas. Depois, compartilhar com seu grupo de catequistas para juntos iluminarem e interpretarem as experiências de ser catequista à luz do Evangelho.

- Qual o maior desafio de ser catequista?
- Qual nossa maior inspiração enquanto catequistas?
- Qual acompanhamento é mais urgente realizar na catequese, hoje?

Observando a realidade formativa em que estão inseridos: reflitam sobre quais auxílios são recebidos para atuar na catequese e o que é preciso buscar para ampliar as possibilidades de aprimorar-se no exercício da missão. Para ajudar na reflexão, respondam às seguintes perguntas:

- Quais são os conteúdos considerados desafiadores para os dias de hoje?
- Como catequista, quais palavras considera importantes em sua missão de catequizar?
- Quais temas para formação de catequistas são mais urgentes hoje?

Identificando e analisando as principais ações catequéticas realizadas em sua paróquia/diocese/regional, respondam às questões:

- Como essas ações contribuem para fortalecer a sua identidade de catequista?
- Quais compromissos precisam ser assumidos para mais bem atuar como catequista em sua comunidade?

Os sentimentos fazem parte da dinâmica da catequese e da realidade paroquial. Eles são expressão do que é vivido e celebrado pelas pessoas.

- Quais sentimentos são mais intensos na catequese? Por quê?

O catequista, como mestre e mistagogo, tem uma dupla missão: transmitir o conteúdo da fé e conduzir ao mistério da fé (DC, n.113b). Para isso, necessita cultivar a sua espiritualidade, elemento essencial em sua vida. Para ajudar na reflexão, responda às perguntas:

- Como cuida da sua espiritualidade pessoal?
- O que inquieta seu coração em relação à prática da catequese?

Olhar o presente e lançar um olhar para o futuro é parte da ação catequética. Para isso, é preciso ter atenção aos desafios e projetar metas. É preciso retomar o caminho sempre. Para a reflexão, responder às perguntas:

- Qual caminho precisa retomar?
- De qual caminho precisa se afastar?
- Quais compromissos precisa assumir sem demora?

TRANSFORMANDO EM ORAÇÃO

Construir um caminho orante inspirado pelo texto bíblico de Lc 24,13-35, seguindo as orientações:

- Organizar-se em cinco grupos.
- Cada grupo irá refletir e responder às questões apresentadas:

  Grupo 1 – Qual chão nossos pés pisam?
  Grupo 2 – Quais palavras nos guiam?
  Grupo 3 – Quais ações queremos realizar?
  Grupo 4 – O que faz nosso coração arder?
  Grupo 5 – Por que é preciso nos colocar a caminho?

- Após refletir e responder às questões cada grupo irá elaborar uma breve oração, escrevendo-a em papel kraft.
- Para construir o caminho orante, colocar um tecido no chão e nele, a certa distância um do outro, deve se posicionar um membro de cada grupo apresentando a oração elaborada.
- Todos os participantes devem percorrer o caminho, parando e rezando juntos as orações apresentadas.
- Após percorrido o caminho alguém do grupo narra o texto bíblico.

Para encerrar, junto à imagem de Nossa Senhora, cantar ou rezar a consagração à Nossa Senhora, pedindo que Maria interceda para que, inspirados em Jesus, saibamos ser catequistas que vivem a sua fé e ajudam seus catequizandos e comunidade a amadurecer sua experiência cristã e caminhar ao encontro do Senhor.

JESUS CRISTO, CENTRO DA CATEQUESE E MODELO DE CATEQUISTA

Pe. Anderson Ulatoski

"Jesus fez diante dos discípulos muitos outros sinais, que não estão escritos neste livro. Estes, porém, foram escritos para que creiais que Jesus é o Cristo, o Filho de Deus, e para que, crendo, tenhais a vida em seu nome".
(Jo 20,30-31)

RECURSOS

Bíblia, Diretório para a Catequese, Catecismo da Igreja Católica, material para anotações.

AMBIENTAÇÃO

Para estudo em grupo, preparar a Bíblia ao centro, vela, uma flor, o Diretório para a Catequese, disposição do espaço em semicírculo.

INTRODUÇÃO

Desde a criação do mundo, Deus quis se revelar à humanidade e fazer conhecido o mistério de sua bondade. Na plenitude dos tempos, a revelação nova e definitiva de Deus se dá em Jesus Cristo. Encarnado, vivendo entre os homens, Jesus lhes revelou os segredos de Deus e levou ao cumprimento a obra da salvação. Ele viveu, morreu e ressuscitou anunciando o Reino de Deus; tudo o que disse e realizou foi para que o Reino se tornasse conhecido por todos. Sua vida foi uma mostra do rosto amoroso e misericordioso de Deus: "Quem me vê, vê o Pai" (Jo 14,9).

Com a Ressurreição de Jesus e a promessa de envio do Espírito Santo, a missão evangelizadora da Igreja, continuação da missão de Cristo no mundo, tornou-se mais evidente. Desde então, e em todo o tempo, a Igreja tem se mostrado atenta e aberta a escuta do Espírito para identificar novas formas de anunciar a Boa-nova de Jesus Cristo.

A terceira parte do Diretório para a Catequese (n. 283-289), citando a Exortação Apostólica *Verbum Domini* do Papa Bento XVI, destaca o Ministério da Palavra presente na Igreja e a ela confiado:

> A Igreja funda-se sobre a Palavra de Deus, nasce e vive dela. Ao longo de todos os séculos da sua história o povo de Deus encontrou sempre nela a sua força e também hoje a comunidade eclesial cresce na escuta, na celebração e no estudo da Palavra de Deus (VD, n. 3).

A Igreja é mediadora da Palavra e essa mediação se dá de muitos modos e em muitos lugares. Todos os batizados são responsáveis pela evangelização, cada um segundo sua vocação e seu carisma. É importante compreender que não existe contraposição entre Palavra e Sacramento, pois as duas realidades estão intrinsecamente unidas; isso se revela, de modo especial, na celebração da Eucaristia (cf. DC, n. 285-288).

O Diretório para a Catequese apresenta uma importante contribuição ao ajudar a perceber e compreender que a Palavra tem centralidade na missão catequética; assim, de toda a Revelação todo cristão deveria conhecer, primeiramente, os evangelhos. Cada evangelista, sob o impulso do Espírito Santo, pesquisou, redigiu e enfatizou alguns aspectos que mais chamavam sua atenção, de acordo com sua formação e suas fontes e, também, com o primeiro destinatário, ou seja, com a comunidade para a qual a mensagem era dirigida (VV.AA.1985, p.20). Dessa forma, quando lemos os evangelhos descobrimos diferentes "rostos" de Jesus Cristo.

Por isso, neste estudo, iremos apresentar alguns elementos que nos ajudam a compreender a cristologia de cada um dos quatro evangelhos, para conhecermos a identidade de Jesus, centro da catequese, e dela trazermos pistas para assumirmos o Ministério de Catequista,

1 A CRISTOLOGIA EM MATEUS

O título escolhido poderia ser *O Jesus de Mateus*, mas optamos pelo termo mais teológico que é a cristologia, isto é, o estudo da identidade, da história e da doutrina de Jesus Cristo no Evangelho Segundo Mateus.

O Evangelho Segundo Mateus tem uma preocupação constante com a comunidade de fé, é o Evangelho eclesial por excelência. Muitos autores entendem que, depois da destruição de Jerusalém, os cristãos de origem judaica foram muito pressionados para integrar novamente o judaísmo que se reorganizava. Mateus parece querer que os cristãos compreendam que são o novo Israel; por isso, Jesus será como um novo Moisés, que dá a nova Lei sobre o monte (BÍBLIA SAGRADA, 2018, p. 1.200).

A cristologia em Mateus segue, em muito, a de Marcos, cujo Evangelho, por ser o mais antigo, é uma fonte para os escritos posteriores. Em Mateus, Jesus é apresentado como o Messias, Filho de Deus, cuja sorte é o destino do ser humano (MATERA, 2003).

A divisão do Evangelho Segundo Mateus tem como base os discursos proferidos nos cinco sermões de Jesus e cada qual é detentor de significados específicos. Temos, então o "sermão da montanha" (capítulos 5-7), que se refere ao ideal de conduta do ser humano; o "sermão da missão" (capítulo 10), que se refere à instrução de Jesus para com os doze; o "sermão das parábolas" (capítulo 13), que descreve, por meio das parábolas, o significado do Reino; o "sermão da comunidade" (capítulo 18), que faz menção à comunidade, à Igreja e ao papel de suas lideranças; e o "sermão escatológico" (capítulos 24-25), que descreve o discurso de Jesus sobre o fim dos tempos e o tempo que virá, também fazendo menção à conduta desejada de quem se diz seguidor de Jesus . Admite-se que esses cinco sermões fazem alusão aos cinco livros da Lei de Moisés e, assim, encontra-se no Evangelho o entendimento de que ser seguidor de Jesus é a forma de viver verdadeiramente a antiga Lei.

Cabe enfatizar um "título" atribuído a Jesus e que se distingue na obra de Mateus: o "Mestre da Justiça". O início do ministério de Jesus é a proclamação do Reino dos Céus que se segue ao Sermão da Montanha, sendo esse um extenso ensinamento sobre a justiça que o Reino exige. Nesse sermão, as palavras de Jesus são colocadas em igualdade àquelas ditas por Deus, por meio de Moisés, na travessia do deserto. Além das bem-aventuranças, o texto apresenta uma lição sobre oração, esmola e jejum (cf. Mt 6,1-18) e, ao concluir, mostra aos discípulos (cf. Mt 7,21) que somente fazendo a vontade do Pai celeste poderão entrar no Reino dos Céus (MATERA, 2003).

ILUMINAÇÃO BÍBLICA – Mt 18,1-5.

Cristologia e eclesiologia são temas especialmente próximos no Evangelho Segundo Mateus. Sendo assim, queremos iluminar nossa reflexão com os primeiros versículos do quarto sermão, o "sermão da comunidade".

O texto de Mateus 18,1-5, nos apresenta a realidade enfrentada pelos discípulos que caminhavam com Jesus, preocupados com o diálogo anterior e as prioridades de cada um deles sobre quem deveria ocupar o melhor lugar no Reino dos Céus. Jesus responde com um ato simbólico, coloca uma criança no meio deles e diz que é necessário ser como ela. Não é um retorno à infantilidade, mas é um estar disponível ao novo, sem outras pretensões, é sempre poder crescer. A criança é também um ser fraco e desprezado naquela cultura. Jesus, quando fala sobre acolhida, lembra que é a Ele mesmo que acolhemos (VV. AA,1985).

Os versículos que se seguem ao episódio aprofundam o que foi apresentado. A linguagem de Jesus passará então para os "pequenos" que creem e ele falará do cuidado com os escândalos. Desses versículos, apreendemos que além de apontar caminhos que superam as disputas de poder entre os discípulos, Jesus queria também apresentar sua preferência pelos mais fragilizados e, para isso recorre a uma criança, excelente representação de um grupo que abriga muitas pessoas, de diferentes idades e em diferentes situações de vida.

PARA PENSAR E PARTILHAR

- A partir do texto sugerido para a iluminação bíblica (Mt 18,1-5), reflita sobre sua atividade catequética cotidiana e sobre a proximidade que tem com seus catequizandos.
- Em seguida, à luz desse mesmo texto, reflita sobre você, como pessoa humana e como catequista; pense sobre a necessidade de retornar à inocência e à simplicidade, tão facilmente perdidas, e sobre a vontade de crescer sem nunca se imaginar totalmente pronto.
- Pense: em sua reflexão deparou-se com algo novo sobre esse texto do Evangelho Segundo Mateus? Tomou consciência de algo que ainda não lhe tinha chamado a atenção?
- Sobre o que Jesus disse: "Eu vos garanto que se não vos converterdes e não vos tornardes como crianças, não entrareis no reino dos céus" (v. 3).
  - ✓ Que sentimentos esse versículo desperta em você?
  - ✓ Partilhe com o grupo seus sentimentos para colaborar com crescimento dos irmãos catequistas e seu próprio.

TRANSFORMANDO EM ORAÇÃO

Para concluir a reflexão sobre o Evangelho Segundo Mateus, propomos que sejam realizadas preces espontâneas, pedindo ao Senhor para que conceda a cada um: a pureza, a humildade e a sabedoria necessárias para anunciar o seu Reino e dele participar com alegria. Após cada prece responder:

▮ Senhor, concede-me a graça de anunciar e participar do teu Reino.

A CRISTOLOGIA EM MARCOS

O Evangelho Segundo Marcos é quase unanimemente entendido como o mais antigo dos quatro evangelhos, sendo uma obra que serviu de fonte para os evangelistas Mateus e Lucas (MONASTERIO; CARMONA, 1994). Esse Evangelho tem uma narrativa que caminha a passos rápidos, começa a partir do início da manifestação pública de João Batista, com especial atenção à proclamação do Reino de Deus por Jesus. O ponto alto está no confronto entre os líderes religiosos de Jerusalém e Jesus (MATERA, 2003).

Marcos apresenta Jesus como Filho de Deus, aquele que deve sofrer, morrer e ressuscitar. Vale destacar que, durante a maior parte da narrativa, essa verdade sobre Jesus é velada e os discípulos são impedidos de expressá-la, mesmo depois da profissão de fé de Pedro e do acontecimento da transfiguração (cf. Mc 8,30; 9,9). O segredo messiânico é um tema muito caro a Marcos e isso se mostra na opção de não revelar a verdade. Esse segredo é a mola dramática do Evangelho (DELORME, 1982), é o modo como o autor vê o desenrolar da revelação de quem era, de fato, Jesus Cristo.

Marcos foi o primeiro a escrever um Evangelho. Ele o fez em uma época em que as testemunhas e discípulos de Jesus deixavam de existir. Ao narrar quem era Jesus, Marcos respondia às dúvidas da comunidade e, ao mesmo tempo, fornecia um escrito que animava o ardor missionário e a expansão das novas comunidades cristãs.

Ao mencionar quem é Jesus, um dos títulos a ele atribuído no Evangelho Segundo Marcos é: "Filho de Davi" (cf. Mc 10,46-50). É um título que pode ser considerado equivalente ao de Messias: aquele que é esperado, nesse caso, identificado como da descendência de Davi, o rei de Israel. Jesus é chamado "Filho de Davi" enquanto sobe a Jerusalém, onde se dão os últimos acontecimentos da sua vida. Nesse Evangelho, nos capítulos 10 a 13, Marcos se dedica a tratar sobre o tema da messianidade de Jesus, destacando que ele assume posições bem diferentes daquelas que, normalmente, os reis assumiam (cf. Mc 11,1-10). A conclusão desse debate sobre o "Filho de Davi" é a revelação de Jesus da ruína de Jerusalém (cf. Mc 13,1s.), demonstrando que a antiga realeza não fazia mais sentido (DELORME, 1982).

ILUMINAÇÃO BÍBLICA – Mc 8,27-33.

A confissão de fé de Pedro é um ponto decisivo na narrativa de Marcos. Antes dela encontramos o episódio da cura do cego de Betsaida (cf. Mc 8,22-26), com dois estágios até a cura; o homem vê, mas não com clareza, por isso, Jesus insiste realizando gestos significativos até que a graça se realize em plenitude.

Ao caminhar com seus discípulos, Jesus lhes faz duas perguntas: "Quem as pessoas dizem que eu sou?" (v. 27) e "E vós, quem dizeis que eu sou?" (v. 29). Também a fé dos discípulos passa por dois estágios, que vão da multiplicidade de opiniões até chegar ao conhecimento íntimo e pessoal de Jesus.

Pedro é capaz de dizer quem é Jesus: "Tu és o Cristo" (v. 29), mas poucos versículos adiante vemos que sua profissão de fé, embora formalmente correta, é ainda insuficiente, sendo necessária a adesão com a vida ao que os lábios afirmam. Jesus é o Messias, aquele que cura, ensina e reúne a todos, mas é também aquele que deverá sofrer, morrer e ressuscitar. A messianidade de Jesus passa pela cruz, pelo seu destino como Filho do Homem (MATERA, 2003). Pedro deve aprender qual o destino do Messias antes que ele volte com poder e glória. Marcos redefine, nesse ponto, a messianidade de Jesus, substituindo o messias real da linhagem de Davi, vitorioso sobre os inimigos daquele tempo, pelo Messias que irá sofrer, mas retornará com glória e anjos no final dos tempos (cf. Mc 8,38).

PARA PENSAR E PARTILHAR

- A partir do texto sugerido para a iluminação bíblica (Mc 8,27-33), propomos uma reflexão sobre sua vida como catequista. Primeiramente, pergunte a algumas pessoas (pelo menos três): para você, quem é Jesus?
- É interessante que a pergunta não seja dirigida apenas a catequizandos ou catequistas, mas a pessoas diferentes, talvez até a alguém distante da vida da Igreja; de modo informal, escute sem preconceitos, sem pretender ensinar ou corrigir, acolhendo o que for dito.
- Para meditar o texto sugerido, propomos dois estágios, assim como Jesus. Considere primeiramente o que pensam as pessoas, a partir das respostas que receber; em um segundo momento, procure dar sua resposta pessoal – não aquela que leu ou que aprendeu de cor, mas a resposta que surge do seu íntimo, diante da vida e de todo o seu contexto.
- Partilhe no grupo as diferentes respostas recebidas e sua resposta pessoal, renovando sua fé e seu compromisso como catequista.
- Individualmente ou em grupo, faça a profissão de fé: Creio em Deus Pai...

TRANSFORMANDO EM ORAÇÃO

▪ Faça memória dos acontecimentos da vida nos quais sentiu-se mais de perto o amor de Deus, expressando sua fé pessoal e seu compromisso como catequista, rezando:

Creio em Deus Pai, e Filho e Espírito Santo que na minha vida me amou ... (recorde os acontecimentos nos quais percebeu o amor de Deus), me comprometo com minha vocação e minha missão de catequista, conforme o amor que Dele recebi. Amém.

3 A CRISTOLOGIA EM LUCAS

Comumente, é aceito que o Evangelho e o Livro dos Atos dos Apóstolos compõem a obra de Lucas. De fato, evidências e estudos apontam que o escritor do Evangelho e desse livro, que conta o início da Igreja, é o mesmo. Isso nos ajuda a compreender que o autor teria um pensamento unitário sobre Cristo e a Igreja nascente, a ponto de se dedicar a escrever essa obra.

O conteúdo do Evangelho segundo Lucas é semelhante aos dos textos de Marcos e de Mateus, especialmente quanto aos fatos narrados e a ordem com que são apresentados. Lucas propõe um prólogo literário, faz alguns relatos sobre a infância de Jesus e depois centra sua narrativa no seu ministério público. Esse ministério se desenvolve em três cenários: a Galileia (cf. Lc 4,14–9,50), o caminho para Jerusalém (cf. Lc 9,51–19,27) e Jerusalém (cf. Lc 19,28–24,53, onde se dá sua Paixão, Morte e Ressurreição (MONASTERIO; CARMONA, 1994).

As narrativas da infância de Jesus (cf. Lc 1,5–2,52) são bem conhecidas, mas é importante para a reflexão destacar alguns aspectos cristológicos. Segundo Matera (2003), tais narrativas nos remetem a passagens do Antigo Testamento. A história começa onde também terminará – no templo em Jerusalém (cf. Lc 1,8-9; 24-53), com o anúncio do anjo a Zacarias sobre o seu filho que iria nascer e que teria a missão de preparar um povo bem-disposto ao Senhor. O anjo, depois, irá anunciar a Maria, em Nazaré (cf. Lc 1,26-38), que conceberá um filho, a quem dará o nome de Jesus. Nesse anúncio, o anjo afirma que a criança que irá nascer terá o título de "Filho do Altíssimo" e receberá o trono de Davi. Da incompreensão de Maria, concluímos que a criança não será apenas outro rei da linhagem de Davi, mas o Filho de Deus, e seu Reino não terá fim.

O encontro de Maria com sua prima Isabel (cf. Lc 1,39-46), também nos dá informações cristológicas. Isabel, mesmo sem saber do anúncio do anjo a Maria, dirige-se a ela como "a Mãe do meu Senhor", antecipando a forma como o Cristo Ressuscitado será chamado pelos que crerem. O cântico de Maria, *Magnificat* (cf. Lc 1,47-55), tem dimensão totalmente teológica ao falar sobre a inversão do destino da humanidade. Ainda, que sem compreender tudo, Maria é capaz de reconhecer que a ação de Deus realizada em sua vida é o início do cumprimento das promessas feitas a Abraão e a sua descendência.

Também o cântico de Zacarias (cf. Lc 1,68-79) nos aponta a formação de uma cristologia; nele, o pai de João Batista bendiz a Deus, que trouxe a salvação ao seu povo fazendo nascer um Salvador na casa de Davi; assim, Israel poderá adorar a Deus em santidade e justiça, segundo a aliança feita com Abraão. Lucas associa, de algumas maneiras, Jesus a Davi; mesmo crescendo em Nazaré, o nascimento de Jesus se deu em Belém, cidade de Davi, devido a um decreto romano de recenseamento (cf. Lc 2,1-7). Assim como havia acontecido com Davi, também aos pastores foi anunciado o Salvador (cf. Lc 2,8-20).

No Evangelho Segundo Lucas, as narrativas da infância dão a Jesus três títulos: Salvador, Messias e Senhor. Mesmo sem ser chamado "Salvador", no restante do Evangelho, fica claro que Jesus é o Salvador; ao mesmo tempo, "Messias" recorda as raízes judaicas no papel salvífico de Jesus e "Senhor" descreve a natureza real do Messias.

Nas narrativas da infância de Jesus, encontramos, ainda, a circuncisão e apresentação no templo, onde o velho Simeão reconhece a criança como o Messias do Senhor (cf. Lc 2,26) e a profetisa Ana enfatiza o seu papel redentor (cf. Lc 2,38). O relato de Jesus, aos doze anos, entre os doutores da Lei faz uma transição entre a sua infância e a vida adulta, ao mostrar como Ele crescia "em sabedoria, tamanho e graça diante de Deus e dos homens" (Lc 2,52).

A cristologia, ou o rosto de Jesus, apresentada nas narrativas dos dois primeiros capítulos do Evangelho Segundo Lucas está bem fundamentada no Antigo Testamento. Ela aponta que Jesus é da descendência de Davi, Salvador e Redentor do povo de Israel e, ao mesmo tempo, traz a novidade neotestamentária de Jesus como Filho de Deus. Lucas propõe um salvador para todos os povos, judeus e gentios (MATERA, 2003).

ILUMINAÇÃO BÍBLICA – Lc 22, 39-46.

Existe algo muito importante para a vida do catequista que é preciso destacar: a oração, caminho de unidade com o Pai e para nos fortalecer diante das adversidades. Lucas é o evangelista que, de forma explícita ou implícita, mais enfatiza essa dimensão na vida de Jesus. Ele participa da oração do povo, com doze anos está no templo "ocupado com as coisas do Pai" (Lc 2,49) e por diversas vezes o texto menciona sua presença na sinagoga em dia de sábado (cf. Lc 4,16.33), dia de meditar sobre as Escrituras, cantar salmos e orar.

Jesus reza na multiplicação dos pães (cf. Lc 9,16), na Última Ceia (cf. Lc 22,14-23), em Emaús (cf. Lc 24,30). Além dos momentos comuns, Jesus se dedicava à oração, especialmente antes de tomar decisões ou de experiências muito significativas como, por exemplo: antes de escolher os doze (cf. Lc 6,12), no acontecimento da transfiguração (cf. Lc 9,28) e no Jardim das Oliveiras (cf. Lc 22,40), antes de sua entrega (GEORGE, A. 1982). A partir de toda a experiência orante de Jesus, os discípulos sentem necessidade de aprender a rezar. Assim, Jesus nos dá a oração do Pai-nosso (cf. Lc 11,1-11).

PARA PENSAR E PARTILHAR

■ Em espírito orante, individualmente, escolha para sua meditação um dos artigos do Pai-nosso, recorrendo à ajuda do Catecismo da Igreja Católica, n. 2759-2865. Medite calmamente, fazendo anotações, especialmente sobre os sentimentos despertados.

■ Partilhe no grupo de catequistas algumas das suas anotações para que todos possam crescer a partir da experiência de cada um.

■ Em sua meditação, leve em consideração também algumas questões pessoais, as quais não necessariamente precisam ser partilhadas:
  ✓ Como está sua vida de oração?
  ✓ Seus encontros na catequese são momentos orantes?
  ✓ Você reza para discernir as situações da sua vida?

TRANSFORMANDO EM ORAÇÃO

Ao concluir a meditação, aproprie-se da oração de Maria, Mãe de Jesus, e eleve a Deus um hino de louvor, rezando com Lc 1,46-55.

A CRISTOLOGIA EM JOÃO 4

A cristologia no Evangelho Segundo João vai além daquela dos demais evangelhos. No quarto Evangelho, Jesus é a Encarnação da Palavra eterna de Deus (cf. Jo 1,1.14). O prólogo da obra joanina (cf. Jo 1,1-18) é uma síntese daquilo que a obra irá apresentar nos capítulos seguintes: uma leitura que aponta para Deus, que vem até nós. Nos outros evangelhos, pelos títulos e constatações sobre Jesus, mostra-se um caminho da humanidade que chega à divindade.

O Evangelho Segundo João, diferentemente dos demais evangelistas, não apresenta histórias curtas, mas grandes episódios nos quais estão presentes a narrativa, o diálogo e o discurso. Uma proposta para divisão da obra poderia ser: o Prólogo (cf. Jo 1,1-18); os sinais, assim chamados porque João não usa a expressão milagre, mas propõe sete sinais, nos quais coloca em evidência a decisão de crer ou não crer (cf. Jo 1,19-12,50); a exaltação de Jesus, que culminará com os relatos da Paixão, Morte e Ressurreição (cf. Jo 13,1-20,31); e uma experiência pós-ressurreição (cf. Jo 21).

Nos outros três evangelhos, Jesus aponta para a iminência do Reino de Deus. Já segundo João, Jesus aponta para ele mesmo, intitulando e descrevendo a si mesmo, e não são poucas as afirmações nesse sentido, nas quais Jesus fala sobre quem ele é usando a expressão "Eu sou": "Eu sou o pão da vida" (Jo 6,35.41.48.51), "Eu sou a luz do mundo" (Jo 8,12), "Eu sou a porta das ovelhas" (Jo 10,7.9), "Eu sou o bom pastor" (Jo 10,11.14), "Eu sou a ressurreição e a vida" (Jo 11,25), "Eu sou o caminho, a verdade e a vida" (Jo 14,6), "Eu sou a videira verdadeira" (Jo 15,1.5).

Segundo Matera (2003), essas autoafirmações dizem mais sobre Jesus do que os títulos estudados a partir dos outros evangelhos; além disso, elas aparecem no contexto de sinais e discursos que nos ajudam a esclarecer sua intenção. Por exemplo: Jesus define-se como o Pão da Vida, no capítulo 6, após o sinal da multiplicação dos pães, em um contexto de questionamentos sobre sua afirmação de que daria sua carne como alimento. Outro exemplo é encontrado quando Jesus afirma ser a luz do mundo (cf. Jo 8,12) e, na sequência, no início do capítulo 9, Ele cura um cego de nascença; ou, ainda, ao afirmar que é a ressurreição e a vida e, em seguida, ressuscitar Lázaro (cf. Jo 11,1-44).

Todos esses dizeres de Jesus acerca dele mesmo revelam que ele é Deus e esclarecem o significado dos títulos de Messias e de Filho de Deus. Nas palavras de Jacques Guillet (1985, p.43): "Tais declarações tiram força e profundidade das situações concretas em que sempre são pronunciadas e a que parecem dar uma resposta natural e, ao mesmo tempo, da referência que fazem ao mistério do nome divino revelado a Moisés no Monte Horeb (cf. Ex 3,14)".

Em João, Maria Madalena se tornará testemunha da ressurreição (cf. Jo 20,1-18). É um fato surpreendente, considerando a cultura da época, que seja uma mulher a primeira pessoa a testemunhar o Cristo Ressuscitado. Nos quatro evangelhos, Maria Madalena é citada quatorze vezes – sendo doze como Maria de Magdala ou Madalena e duas apenas como Maria. Mas somente João lhe dá o direito de se expressar; na narrativa da ressurreição ela dialoga, pergunta, tem seu momento de intimidade com o Ressuscitado e conversa com ele (PERUZZO, 2018).

Antes de ser testemunha da ressurreição, encontramos Maria Madalena firme aos pés da cruz (cf. Jo 19,25); porém, até esse momento, o que sabemos sobre ela? Do Evangelho Segundo Lucas (cf. Lc 8,2), sabemos que ela fazia parte do grupo de fiéis mulheres seguidoras de Jesus e dela havia expulsado sete demônios. Embora não seja possível saber com exatidão que males a afligiam, sabemos que ela sofria muito e que sua experiência com Jesus foi de tal modo renovadora que ela se tornou sua discípula. Nos quatro evangelhos, Maria Madalena está presente nas cenas da crucificação e da ressurreição; João, de modo especial, a coloca junto a Maria, Mãe de Jesus, e à sua irmã, aos pés da cruz.

Movida pelo amor, Maria Madalena dirige-se duas vezes ao túmulo de Jesus (cf. Jo 20,1.11), ainda de madrugada, possivelmente enquanto todos simplesmente dormiam. Nas duas ocasiões ela chora; aliás, é a única pessoa que os evangelhos dizem ter chorado por Jesus. No diálogo com os anjos sobre o destino do corpo de Jesus, ela o chama "o meu Senhor" e os anjos a chamam "mulher", em uma linguagem nupcial; Maria Madalena torna-se símbolo da esposa da Nova Aliança e a comunidade convidada a celebrar as núpcias com seu Esposo. Isso contribui ao entendimento da relação amorosa entre Jesus e a comunidade, de um amor que se traduz em discipulado, ou seja, em seguimento (PERUZZO, 2018).

No entanto, o choro de Maria Madalena irá mudar ao reconhecer o Mestre, depois de ser chamada pelo próprio nome (cf. Jo 20,16). Seu diálogo pessoal com Jesus é breve, mas cheio de *vida* e depois dele começa uma nova etapa em sua vida, na qual ela se torna aquela que deve testemunhar a ressurreição aos irmãos. São Tomás de Aquino, confirmando o que já fora afirmado por Hipólito de Roma, reconheceu Maria Madalena como "apóstola dos apóstolos". O Papa Bento XVI retomou esse título, e o Papa Francisco determinou que sua memória seja celebrada com a mesma solenidade da festa dos Apóstolos (PERUZZO, 2018).

ILUMINAÇÃO BÍBLICA – Jo 21,1-19.

PARA PENSAR E PARTILHAR

O capítulo 21 do Evangelho Segundo João, provavelmente acrescentado à redação original do texto, revela a presença do Ressuscitado na vida da comunidade e, ao mesmo tempo, retoma experiências do chamado dos primeiros discípulos, conforme o texto de Lucas (cf. Lc 5,4-10), ao narrar a pesca milagrosa anterior a esse chamado. A experiência é a mesma, o local é o mesmo, ainda que indicado com nomes distintos (Mar de Tiberíades e Lago de Genesaré). Jesus devolve à vida dos discípulos o amor original e a capacidade de acreditar que a abundância é possível com a sua presença. Há, também, uma refeição (cf. Jo 21,9) preparada por Jesus; entre tantas coisas a serem feitas para demonstrar afeto, uma delas é cozinhar. Essa é a única referência, clara, a Jesus cozinhando em todos os evangelhos. Na sequência, após a refeição, Pedro, agora na condição de líder do grupo dos apóstolos, tem a oportunidade de professar seu amor, mais que sua fé.

- Faça a Leitura Orante do texto em Jo 21,1-19. Nessa experiência pessoal, procure professar seu amor a Jesus.
- Reflita sobre sua consciência da missão de cuidar dos seus catequizandos.
  - ✓ Você se sente amada(o) por Jesus?
  - ✓ Qual sua resposta ao amor que Ele lhe dedica?
- Prepare, como for possível, um alimento para partilhar com o grupo de catequistas. Para facilitar, a partilha pode ser realizada em grupos menores de escuta e convivência (por exemplo, grupos com quatro catequistas).
- Partilhe, no grupo maior, o motivo pelo qual escolheu o alimento que preparou; quais sentimentos você quis transmitir aos outros catequistas.

TRANSFORMANDO EM ORAÇÃO

Para concluir o estudo e a reflexão, pensemos em nossa experiência em comunidade que requer, entre tantas coisas a serem realizadas, a demonstração de afeto a exemplo de Jesus. Sugere-se como oração o *Hino à Caridade* (1Cor 13,1-7).

O CATEQUISTA EDUCA PARA VIVER E PRATICAR A FÉ

Flávia Carla Nascimento

"Quem crê em mim – conforme diz a Escritura: do seu interior correrão rios de água viva".
(Jo 7,38)

RECURSOS

Providenciar três Catecismos da Igreja Católica, três cartolinas, jornais e revistas usados, três pincéis atômicos, três colas, três tesouras, tecido grande, folhas em branco para cada participante, cruz grande, 12 velas, cartões com o texto do Creio e pequenas velas para cada participante.

Selecionar música instrumental adequada para os momentos de oração.

AMBIENTAÇÃO

Preparar uma mesa com a Bíblia, uma vela grande e um vaso de flores em destaque.

INTRODUÇÃO

A afirmação de Jesus: "Quem crê em mim – conforme diz a Escritura: do seu interior correrão rios de água viva" (Jo 7,38), expressa pelo evangelista João, nos ajuda a perceber o quanto a fé – o crer no Deus uno e trino - é fundamental na vida dos discípulos, especialmente daqueles que se colocam a serviço do anúncio da Palavra por meio da catequese.

Crer em Deus é fonte de vida plena, é o passo inicial que nos insere no processo de transmissão da fé, de anúncio e partilha dessa água viva que corre em nosso interior a partir do encontro com o Senhor que se revela e amorosamente se deixa encontrar. Esse processo de transmissão da fé faz parte da natureza da catequese, visto que é uma realidade dinâmica e complexa a serviço da Palavra de Deus que "[...] acompanha, educa e forma *na* fé e *para* a fé, introduz à celebração do Mistério, ilumina e interpreta a vida e a história humanas" (DC, n. 55).

Acompanhar, educar, formar *na* fé e *para* a fé, requer de todo catequista o prévio e profundo conhecimento da fé professada, celebrada e vivida pelos seguidores de Jesus. Para isso é necessário, primeiramente, compreender que a fé é "uma resposta do homem ao Deus que se revela e a ele se doa, trazendo ao mesmo tempo uma luz superabundante ao homem em busca do sentido último de sua vida" (CIgC, n. 26). Além disso, é preciso compreender que "quem diz creio diz 'dou minha adesão àquilo que nós cremos'" (CIgC, n. 185). Para possibilitar essa comunhão na fé, desde sua origem, a Igreja apostólica exprimiu e transmitiu sua fé utilizando uma linguagem comum, utilizando fórmulas breves e normativas para todos, chamadas de Símbolos da fé, profissões de fé ou simplesmente "Creio".

Existem numerosos Símbolos da fé que foram surgindo ao longo dos séculos na Igreja e, dentre eles, dois ocupam lugar de destaque: o Símbolo dos Apóstolos, que apresenta um resumo fiel de sua fé e o Símbolo Niceno-constantinopolitano, resultado dos dois primeiros concílios ecumênicos da Igreja (Concílio de Nicéia – 325 e Concílio de Constantinopla – 381).

Em relação ao Símbolo Apostólico, "Segundo uma antiga tradição, já atestada por Santo Ambrósio, é costume enumerar doze artigos do Creio, simbolizando com o número dos doze Apóstolos o conjunto da fé apostólica" (ClgC, n. 191). Essa profissão da fé apresenta três partes: a primeira delas trata do Pai e da obra da criação; a segunda refere-se ao Filho e ao Mistério da Redenção; a terceira parte está voltada ao Espírito Santo, fonte e princípio da nossa santificação.

Nosso estudo terá como guia o Símbolo dos Apóstolos e ao voltarmos nosso olhar para ele perceberemos que é uma síntese da imagem e da ação de Deus recolhida da Escritura. Faremos a seguir uma breve reflexão sobre cada um dos doze artigos que compõem o Símbolo dos Apóstolos.

1
CREIO EM DEUS PAI

A primeira e mais fundamental afirmação da nossa profissão de fé é dizer: "Creio em Deus". Nós cremos em um só Deus, pois Ele mesmo revelou sua unicidade ao povo do Antigo Testamento. Também Jesus confirmou que Deus é o único Senhor, a quem precisamos amar com todo o nosso ser. Esse Deus, único, revelou seu nome para seu povo no diálogo com Moisés, na sarça ardente (cf. Ex 3,13-15) e mostrou-se como um Deus de ternura e compaixão, que é Verdade e Amor.

Todo o texto do Creio, ou seja, do Símbolo, menciona Deus, o ser humano e o mundo, tornando claro haver uma relação entre eles (cf. ClgC, n. 199). Nessa perspectiva relacional, percebemos que todos os artigos do Creio dependem do primeiro.

ARTIGO 1 – Creio em Deus Pai Todo-Poderoso, Criador do céu e da terra

Foi Jesus que nos revelou que Deus é Pai, não somente como Criador, mas eternamente Pai, em relação a seu Filho único (cf. Mt 11,27). Antes de sua Páscoa, Jesus anunciou o envio do Espírito Santo. Portanto, para refletirmos sobre Deus Pai e seus atributos precisamos, primeiramente, falar da Santíssima Trindade, mistério central da fé e da vida cristã, pois "Toda a história da salvação não é senão a história da via e dos meios pelos quais o Deus verdadeiro e único, Pai, Filho e Espírito Santo, se revela, reconcilia consigo e une a si os homens que se afastam do pecado" (ClgC, n. 234).

No entanto, é imprescindível compreender que: ao crermos na Santíssima Trindade não professamos três deuses, mas um só Deus em três pessoas – Pai, Filho e Espírito Santo – e toda a nossa vida cristã é comunhão com cada uma das pessoas divinas, sem, de modo algum, separá-las. Fomos batizados "em nome do Pai e do Filho e do Espírito Santo" e pela fé cremos que nosso fim último é a entrada na unidade perfeita da Trindade Santa.

Olhemos agora para a primeira pessoa da Santíssima Trindade, o Pai; Ele é a origem de tudo, fez aliança com a humanidade e cuida de nós. Deus Pai é Todo--Poderoso, porque é o Senhor do universo e da história, que governa tudo e pode tudo, pois para Ele nada é impossível (cf. Lc 1,37). Ele é Todo-Poderoso em seu amor, exerce seu poder como um Pai amoroso, que cuida das nossas necessidades e perdoa nossas faltas. O amor de Deus Pai nunca se esgota, é um amor que vai até ao extremo de dar a vida do Filho para nossa salvação.

No primeiro artigo do Creio, professamos que Deus Pai Todo-Poderoso é o Criador, porque deu início a tudo que existe fora dele para manifestar e comunicar sua glória. Na origem de tudo está a ação de um Deus Criador e não podemos aceitar que o mundo, as coisas e o ser humano começaram a existir por acaso. Deus é a existência e faz tudo passar a existir. É Criador do céu e da terra, porque é o autor de toda a criação, onde se desenrola a História da Salvação e se evidencia que o desejo de Deus é viver em comunhão com o ser humano.

Ao falarmos céu podemos designar o firmamento, mas também o lugar próprio de Deus e a glória escatológica; indicamos, também, o lugar das criaturas espirituais com toda a sua realidade invisível para nós: os anjos, que glorificam a Deus sem cessar e, como mensageiros, fazem chegar às pessoas aquilo que Deus lhes deseja comunicar para sua salvação. Cada fiel é ladeado por um anjo como protetor e pastor para conduzi-lo à vida (cf. CIgC, n.336).

A terra indica o mundo dos homens e mulheres criados à imagem e semelhança de Deus, que ocupam o centro da criação. Animados por uma alma espiritual e imortal, os seres humanos deveriam viver em comunhão entre si, com o mundo e com seu Criador. Porém, abusando de sua liberdade, preferiram a si mesmos; recusando e se opondo a Deus, fizeram a experiência do pecado e perderam a santidade e a justiça original que haviam recebido de Deus. Como consequência do pecado, a natureza humana ficou enfraquecida e submetida ao sofrimento e à morte. Mas Deus Pai, em Jesus Cristo, pensou e concretizou um projeto para resgatar o ser humano, que ele ama, e reconciliá-lo consigo.

ILUMINAÇÃO BÍBLICA – SI 8,2-10.

PARA PENSAR E PARTILHAR

Formar três grupos para realizar a leitura do Catecismo da Igreja Católica, conforme indicado:

Grupo 1 – *números 198 a 278*.
Grupo 2 – *números 279 a 354*.
Grupo 3 – *números 355 a 421*.

Concluída a leitura, cada grupo deverá preparar um cartaz e registrar os pontos principais daquilo que leu; pode, também, utilizar figuras de jornais ou revistas para ilustrar o cartaz.

Para a partilha com todos os catequistas, um representante de cada grupo de estudo fará a apresentação do cartaz com uma breve explicação; o cartaz deverá ficar bem visível a todos e no local previamente preparado com um tecido.

TRANSFORMANDO EM ORAÇÃO

Em círculo, ao redor do tecido com os cartazes, todos devem contemplar por alguns instantes cada cartaz. Em seguida, juntos rezem ou cantem o Sl 8, em louvor e gratidão a Deus por toda a obra da criação.

CREIO EM JESUS CRISTO, FILHO ÚNICO DE DEUS

2

São Paulo, em sua carta aos Gálatas, nos diz que "quando chegou a plenitude do tempo, Deus enviou seu Filho, nascido de mulher, nascido sob a lei, para remir os que estavam sob a lei e para que recebêssemos a adoção filial" (Gl 4,4-5). E João, no prólogo de seu Evangelho, nos traz o grande anúncio da Encarnação de Jesus: "E o Verbo se fez carne e habitou entre nós" (Jo 1,14).

Em Jesus, por sua vida, missão, morte e ressurreição, o Pai concretizou seu projeto de salvação para retirar o ser humano da escravidão do pecado. Os artigos 2 a 7 do Creio, sobre os quais iremos refletir, tratam justamente de Jesus, a segunda pessoa da Santíssima Trindade.

ARTIGO 2 – Creio em Jesus Cristo, seu Filho único, Nosso Senhor

Os primeiros discípulos anunciavam a Cristo com todo ardor, porque entre eles havia a compreensão de que não poderiam deixar de falar sobre o que viram e ouviram (cf. At 4,20), pois "a transmissão da fé cristã é primeiramente o anúncio de Jesus Cristo, para levar à fé nele" (CIgC, n. 425).

No centro da catequese está essencialmente uma pessoa, Jesus, o Filho único do Pai. Só Ele pode nos conduzir ao amor do Pai, no Espírito Santo e nos fazer participar da vida da Trindade. Por isso, todo catequista deve ter uma relação de profunda intimidade com Jesus, da qual brotará o desejo de anunciá-lo e levar outros à fé em Jesus.

Vamos aprofundar aqui alguns elementos importantes que o Símbolo dos Apóstolos nos apresenta sobre Jesus. Primeiramente, vamos entender o significado do seu nome: Jesus é uma palavra hebraica que significa "Deus salva". O Pai recapitula toda história, recria, liberta e salva o ser humano pela vida e missão do Filho. O nome de Jesus manifesta, em plenitude, o poder salvador de Deus.

Cristo vem da tradução grega do termo hebraico Messias e significa "ungido". Jesus foi ungido pelo Pai, com o Espírito do Senhor (cf. At 10,38). Essa expressão traduz com perfeição a missão divina do Filho. Jesus não apenas contou quem é o Pai, mas comunicou a vida divina tornando-nos filhos adotivos do seu Pai, participantes de sua natureza divina.

Jesus Cristo é o Filho único de Deus, que tem uma relação única e eterna com o Pai, distinta da qualidade da relação que os discípulos têm com o Pai. Além disso, a Jesus foi atribuído o título de Senhor, designando sua soberania divina. Jesus é Deus com o Pai e trouxe para perto de nós a luz do Pai. Confessar Jesus como Senhor é crer em sua divindade.

ARTIGO 3 – Jesus Cristo foi concebido pelo Espírito Santo, nasceu da Virgem Maria

No tempo determinado por Deus, o Filho único do Pai, o Verbo, aquele que é a Palavra eterna, assumiu a natureza humana para trazer a salvação aos seres humanos. Para que isso pudesse acontecer, o Espírito Santo foi enviado para santificar o seio da Virgem Maria e fecundá-la divinamente. Por isso, professamos que Jesus foi concebido pelo Espírito Santo e nasceu da Virgem Maria.

Toda a vida de Cristo é mistério, tudo que ele fez foi um contínuo ensinamento, embora o Símbolo dos Apóstolos nada mencione sobre a vida oculta e pública de Jesus e só aponte para os mistérios da sua Encarnação e da sua Páscoa, os artigos que a eles se referem iluminam toda a vida terrestre de Cristo.

A catequese deve estar completamente permeada do anúncio dos mistérios de Jesus, porque toda a riqueza de Cristo é destinada a cada ser humano e constitui o bem de cada um. Por isso, proclamar continuamente que tudo que Cristo viveu foi para que pudéssemos viver nele e para que ele vivesse em nós.

ARTIGO 4 – Jesus Cristo padeceu sob Pôncio Pilatos, foi crucificado, morto e sepultado

Aos olhos de alguns, Cristo parecia agir contra as instituições, a Lei e o Templo; não o reconhecendo como "o Deus que se fez homem", julgaram-no como blasfemo e, mesmo inocente, Jesus foi condenado por Pilatos. Isso ocorreu, porque na proposta de Jesus a lei não estava gravada em tábuas de pedra, mas no coração de quem oferecia misericórdia e vida às pessoas, buscando libertá-las de um sistema que oprimia, defendendo a vida humana e sua dignidade.

A condenação e a morte violenta de Jesus não foram resultados do acaso em um conjunto de circunstâncias, mas fazem parte do mistério do projeto salvador de Deus. Jesus ofereceu-se ao Pai por nossos pecados, como afirmou São João: "Tendo amado aos seus amou-os até o fim" (Jo 13,1).

ARTIGO 5 – Jesus Cristo desceu à mansão dos mortos, ao terceiro dia ressuscitou dos mortos

Jesus provou a morte em nosso favor. Foi, verdadeiramente, o Filho de Deus feito homem que morreu e foi sepultado. Desde o momento em que expirou na cruz até a sua ressurreição, Jesus viveu o mistério do sepulcro, do Sábado Santo. Ele desceu à mansão dos mortos como Salvador, em sua alma unida à sua pessoa divina, e foi proclamar a Boa-nova aos que o haviam precedido na morte, libertando os justos que ali estavam aprisionados abrindo para eles as portas do céu.

Ao terceiro dia, o Pai ressuscitou o Filho, verdade culminante de nossa fé, atestada pelo túmulo vazio e pelo testemunho das aparições do Ressuscitado, dado pelos discípulos. O crucificado venceu a morte e ressuscitou dentre os mortos: "Cristo, 'primogênito dentre os mortos' (Cl1,18), é o princípio de nossa própria ressurreição, desde já pela justificação de nossa alma, mais tarde pela vivificação de nosso corpo" (ClgC, n. 658).

ARTIGO 6 – Jesus subiu aos céus, está sentado à direita de Deus Pai Todo-Poderoso

O Cristo Ressuscitado apareceu aos discípulos por algum tempo. Depois, retirado da morte, Jesus subiu aos céus (Ascensão), voltou para junto do Pai e do Espírito Santo e foi exaltado com "sua humanidade" incorrupta no seio da Trindade. Para nós, cristãos, o fato de Jesus *sentar-se à direita do Pai* significa a inauguração do Reino messiânico, realização definitiva da visão do profeta Daniel (cf. Dn 7,14).

ARTIGO 7 – Donde há de vir julgar a os vivos e os mortos

No final dos tempos, em sua volta, Cristo pronunciará sua Palavra definitiva para julgar a história; conheceremos, então, o sentido último de toda a obra da criação e compreenderemos os caminhos admiráveis pelos quais a providência divina conduz tudo para o seu fim último.

No dia do juízo final, Cristo realizará o triunfo do bem sobre o mal. Ele revelará a disposição secreta dos corações e retribuirá a cada um segundo as suas obras e segundo a acolhida ou rejeição da sua graça. Esse julgamento revelará que a justiça de Deus triunfa sobre toda injustiça cometida por suas criaturas, que seu amor é mais forte que a morte e o seu Reino não terá fim!

ILUMINAÇÃO BÍBLICA – Mc 8,27-30.

PARA PENSAR E PARTILHAR

A partir do que o Símbolo dos Apóstolos apresenta sobre Jesus, da nossa fé e experiências pessoais com ele, cada um é convidado a escrever uma oração ao Senhor, reconhecendo a importância de Jesus em suas escolhas e em missão de ser catequista.

Concluído esse momento pessoal, aqueles que quiserem poderão partilhar uma parte de sua oração com o grupo.

TRANSFORMANDO EM ORAÇÃO

Em círculo, ao redor da cruz, todos juntos deverão contemplá-la por alguns instantes. Em seguida, a cruz será passada a cada um, que apresentará ao Senhor sua carta e suas intenções pessoais, enquanto escutam uma música instrumental.

Concluir o momento orante com a Oração do Pai-nosso.

CREIO NO ESPÍRITO SANTO

3

O Espírito Santo é a terceira pessoa da Santíssima Trindade, mas ele é o primeiro no despertar de nossa fé, ele suscita nossa fé. "Ninguém pode dizer que Jesus é o Senhor a não ser no Espírito Santo" (1Cor 12,3). É pela ação do Espírito Santo que conhecemos o Filho que nos foi enviado, e o Pai, revelado pelo Filho.

O Catecismo da Igreja Católica, na seção que trata da Profissão da Fé cristã, no capítulo referente ao Espírito Santo, apresenta um artigo sobre a fé no próprio Espírito Santo (artigo 8 – Creio no Espírito Santo) e, também, um outro sobre a Igreja (artigo 9 – Creio na Santa Igreja Católica). Essa disposição do Catecismo nos ajuda a compreender que "o Espírito Santo que Cristo, Cabeça, derrama em seus membros constrói, anima e santifica a Igreja" (ClgC, n. 747).

Além disso, no Creio, a fé sobre o perdão dos pecados também está relacionada à profissão de fé no Espírito Santo, porque Cristo Ressuscitado confiou aos Apóstolos o poder de perdoar os pecados justamente quando lhes deu o Espírito Santo; e o Creio culmina na proclamação da ressurreição dos mortos, no final dos tempos e na vida eterna.

ARTIGO 8 – Creio no Espírito Santo

Nossa vida tem origem em Deus Pai e em nosso Batismo recebemos, pelo Espírito Santo, a filiação divina. *São Paulo afirma que Deus envia aos nossos corações o Espírito do seu Filho, que clama "Abá, Pai!" (cf. Gl 4,6).*

O Espírito Santo falou pelos profetas e nos fez ouvir a voz do Pai, mas a ele mesmo nós não ouvimos. Esse mesmo Espírito que nos deu a conhecer Jesus, o Verbo e a Palavra do Pai, não revelou a si mesmo. Só o conhecemos quando Jesus o revelou. É crendo em Jesus que podemos conhecer o Espírito Santo – tal como vemos as ações que o vento realiza, sem enxergarmos o vento em si.

Na preparação da vinda do Messias, o Espírito Santo esteve presente, por meio de sua ação no povo da Antiga Aliança. Na plenitude dos tempos, esse mesmo Espírito envolveu a Virgem Maria com sua sombra, para que nela se manifestassem as maravilhas de Deus, pela encarnação de Jesus. Em Pentecostes, quando Jesus realizou a efusão do seu Espírito, revelou-se plenamente a Santíssima Trindade e abriu-se o Reino para todos os que nele creem. Começou, então, o tempo da Igreja, o tempo do Reino que recebemos como herança, mas que ainda não está consumado.

Podemos dizer, então, que o Espírito Santo, terceira pessoa da Santíssima Trindade, com suas várias denominações – Paráclito, Consolador, Espírito da Verdade - e com seus inúmeros símbolos – água, unção com óleo, fogo, nuvem, luz, selo, mão, dedo, pomba – está presente na Igreja, agindo em nossa vida e nos auxiliando a compreender os mistérios divinos. Além disso, é Ele que nos dá a coragem necessária para anunciar o Evangelho, tanto pela Palavra como pelo testemunho de vida.

ARTIGO 9 – Creio na Santa Igreja Católica

O Espírito Santo é fonte e doador de toda a santidade da Igreja e esse é o lugar onde "floresce o Espírito Santo" (CIgC, n.749). Como a lua, a Igreja não possui luz própria, mas reflete a luz do sol, que é Cristo Jesus.

A Igreja, Corpo de Cristo, animada pelo Espírito Santo, é a assembleia daqueles que foram convocados pela Palavra de Deus para formar o seu povo. Ela é, no mundo, sacramento da salvação e instrumento da comunhão de Deus e dos homens.

Também podemos dizer que a Igreja una, santa, católica e apostólica é o Reino de Deus misteriosamente presente na terra, como uma semente, que começou a se desenvolver com os doze apóstolos convocados por Jesus. Essa semente continua se desenvolvendo sustentada pela Palavra de Deus e pelo Corpo de Cristo.

Na unidade da Igreja, Corpo de Cristo, existe diversidade de membros e funções, todos os membros estão ligados uns aos outros, particularmente aos que sofrem, aos pobres e aos perseguidos, como Jesus nos ensinou. Ao falarmos dos membros da Igreja, não podemos deixar de destacar a figura de Maria e seu papel na Igreja. Ela, reconhecida e honrada como Mãe de Deus e do Redentor, é também verdadeiramente Mãe dos membros da Igreja, porque cooperou pela caridade para que nela nascessem os fiéis. Além disso, o Espírito Santo, que fecundou Maria na encarnação e fecundou a Igreja nascente em Pentecostes, faz com que as ações salvíficas de Deus alcancem os seres humanos em todos os tempos, pela sua ação na Igreja, e realiza a "comunhão dos santos".

Crer na comunhão dos santos é crer na comunhão e na íntima unidade que existe entre todos os cristãos, santificados por Jesus Cristo, que recebem os mesmos sacramentos e sempre mais os santificam. Essa comunhão é a comunhão nas coisas santas e das pessoas santas, em Cristo, que morreu por todos; assim, aquilo que cada um faz ou sofre, em Cristo e por ele, produz fruto para todos. Assumir que cremos na comunhão remete entender que todo cristão precisa afirmar:

> Nós cremos na comunhão de todos os fiéis de Cristo, dos que são peregrinos na terra, dos defuntos que estão terminando a sua purificação, dos bem-aventurados do céu, formando, todos juntos, uma só Igreja, e cremos que nesta comunhão o amor misericordioso de Deus e de seus santos está sempre à escuta de nossas orações (CIgC, n. 962).

Não podemos deixar de recordar que a Igreja está ligada aos batizados, que são também chamados de cristãos, mas não professam na íntegra a mesma fé, ou não guardam a unidade da comunhão sob o sucessor de Pedro. Assim, nós nos abrimos ao diálogo ecumênico, lembrando-nos do agir de Jesus, que sempre acolheu a todos. Isso implica, ainda, em assumir a abertura ao diálogo inter-religioso como o caminho da Igreja em relação aos não cristãos, que professam outras religiões. Seguimos, assim, unidos buscando a fraternidade universal.

ARTIGO 10 – Creio na remissão dos pecados

A remissão dos pecados foi confiada aos apóstolos quando Jesus lhes comunicou a força e o poder do Espírito Santo. No Batismo temos o primeiro e principal sacramento para o perdão dos pecados, pois o próprio Jesus deixou isso explicito quando enviou os discípulos para proclamar a Boa-nova: "Ide por todo o mundo e proclamai o Evangelho a toda criatura. Aquele que crer e for batizado será salvo" (Mc 16,15-16).

Também pela vontade de Cristo, a Igreja possui o poder de perdoar os pecados dos que já foram batizados, exercido pelos bispos e sacerdotes de maneira habitual, através do Sacramento da Reconciliação (cf. ClgC, n. 986). Portanto, quando afirmamos crer na remissão dos pecados, nos colocamos em sintonia com a Igreja, que nos apresenta seus sacramentos como instrumentos para recebermos o perdão de Deus.

ARTIGO 11 – Creio na ressurreição da carne

Pela morte, que entrou no mundo como consequência do pecado, a alma é separada do corpo. Na ressurreição, no entanto, Deus restituirá à vida incorruptível ao nosso corpo transformado, unindo-o novamente à nossa alma. E assim, como Cristo ressuscitou e vive para sempre, nós também ressuscitaremos no último dia. Essa fé firme e inabalável na ressurreição é a característica fundamental do cristão. Só é cristão quem realmente acredita na ressurreição.

É importante compreender que ressuscitar não é apenas voltar à vida, mas ter o nosso corpo corruptível transformado e glorificado. Todos ressuscitarão com seu próprio corpo, que será transfigurado em um corpo de glória, em corpo espiritual, no 'último dia' ou no 'fim do mundo'. Mas, de certo modo, nós já ressuscitamos com Cristo, porque unidos a Ele pelo Batismo e graças ao Espírito Santo a vida cristã já é uma participação na Morte e na Ressurreição do Senhor.

ARTIGO 12 – Creio na vida eterna

Fomos criados para a eternidade. Por isso, a morte não é o fim de nossa vida, não é ponto de chegada, mas início da vida nova e definitiva. É importante salientar que a morte significa o fim da vida terrena como tempo aberto ao acolhimento e à recusa da graça divina, manifestada em Cristo.

A partir do momento da morte, cada pessoa recebe em sua alma imortal a retribuição eterna, num juízo particular que coloca sua vida em relação à vida de Cristo, seja por meio de uma purificação (purgatório), seja para entrar de imediato na felicidade do céu, seja para condenar-se de imediato para sempre (inferno). Portanto, o céu é o fim último e a realização das aspirações mais profundas do ser humano, o estado de felicidade suprema e definitiva destinado para aqueles que morrem na graça e na amizade de Deus. Já os que morrem na graça e na amizade com Deus, mas não estão completamente purificados, passam pelo purgatório, uma purificação passageira e transitória a fim de obterem a santidade necessária para entrarem na alegria do céu.

No entanto, os que morrem em pecado grave, sem arrependimento sincero e sem acolher o amor misericordioso da Trindade, ficam para sempre separados de Deus, no inferno, como consequência de sua opção livremente assumida durante a vida. É evidente que Deus não predestina ninguém ao inferno. Só vai ao inferno quem realmente assume uma aversão voluntária a Deus e nela persiste até o fim.

No final do Creio dizemos "*Amém*", pois crer é dizer "*Amém*" às palavras, às promessas, aos mandamentos de Deus, confiando totalmente naquele que é o "*Amém*" de infinito amor e de fidelidade perfeita - o próprio Cristo.

ILUMINAÇÃO BÍBLICA – At 1,4-8.

PARA PENSAR E PARTILHAR

Formar cinco grupos (ou duplas); cada um deverá reler o texto de um dos cinco artigos estudados, conforme a indicação.

Grupo 1 – Creio no Espírito Santo (Artigo 8)
Grupo 2 – Creio na Santa Igreja Católica (Artigo 9)
Grupo 3 – Creio na remissão dos pecados (Artigo 10)
Grupo 4 – Creio na ressurreição da carne (Artigo 11)
Grupo 5 – Creio na vida eterna (Artigo 12)

Após a releitura do texto, o grupo deverá refletir sobre a seguinte questão:
- Como esse artigo do Creio é professado e assumido de forma concreta na nossa vida e missão na catequese?

Depois das reflexões sobre a questão proposta, cada grupo escolherá um símbolo para expressar sua resposta. Esse símbolo deverá estar na sala do encontro para ser utilizado na partilha que virá a seguir.

Um representante de cada grupo fará a partilha da resposta do grupo à questão proposta e apresentará o símbolo escolhido, colocando-o junto à Bíblia.

▌ TRANSFORMANDO EM ORAÇÃO

Em círculo, todos os participantes se reúnem ao redor de um caminho preparado previamente com 12 velas apagadas.

Relembrar os doze artigos do Creio, acender uma vela para cada um e cantar: *Ó luz do Senhor, que vem sobre a terra, inunda meu ser, permanece em nós!* (Frei Luiz Turra).

Ao final, quando as doze velas estiverem acesas, todos serão convidados a dizer o Creio e cantar mais uma vez o refrão *Ó luz do Senhor...*

Envio: Após o momento orante, cada um irá pensar como poderá levar essa luz que emana do Símbolo dos Apóstolos e da nossa fé para a própria vida e para a vida dos interlocutores da catequese. Para recordar seu compromisso, cada participante receberá uma pequena vela, que deverá ser acesa em uma das velas do caminho, e um cartão, no qual está impresso o Símbolo Apostólico.

O CATEQUISTA EDUCA PARA VIVER DA LITURGIA

Maria do Carmo Ezequiel Rollemberg

*"Ardentemente desejei comer convosco
esta ceia pascal, antes de padecer".*
(Lc 22,15)

RECURSOS

Preparar uma mesa, toalha branca, pequenos vasos com flores, Bíblia, pão (se possível, pequenos pães sem fermento), cálice com vinho, bacia com água, crucifixo, vela grande, velas pequenas (uma para cada participante).

Organizar pequenos pedaços de galhos de árvore e cartões com a frase: "Um tronco de árvore grosso e disforme nunca sonharia poder transformar-se em obra de arte, e por isso nunca se submeteria ao martelo do escultor, capaz de ver nele o que dele pode ser feito" (Santo Inácio).

AMBIENTAÇÃO

No centro do local do encontro (ou à frente) preparar uma mesa com uma toalha branca; sobre a mesa colocar, no centro, o crucifixo; de um lado do crucifixo colocar o pão (ou os pães ázimos) e o cálice; no outro lado do crucifixo a vela grande (acesa ao iniciar o momento orante) e a bacia com água; no chão, junto à mesa, colocar os vasos com flores.

INTRODUÇÃO

A missão essencial da Igreja é evangelizar, continuando a missão de Cristo de levar, aos homens e às mulheres de todos os tempos e lugares, a Boa-nova do Evangelho. No âmbito dessa ação evangelizadora, a catequese e a liturgia são duas dimensões fundamentais. A liturgia, presente no coração da tradição da Igreja, é uma herança transmitida, de forma viva, de geração em geração. A catequese é atividade tão antiga quanto a própria Igreja, na qual se alimenta e para a qual é fonte de crescimento.

Não é, então, difícil perceber os motivos pelos quais, quando pensamos sobre evangelização, nossas primeiras ideias estão, muito provavelmente, relacionadas a essas duas dimensões. Pensamos na catequese como transmissão da fé e no catequista como aquele que crê, vive e transmite aos seus catequizandos o que recebeu da Igreja. Embora algumas pessoas ainda entendam a catequese como uma mera transmissão de conhecimentos ou como uma atividade coletiva, pensamos em uma relação pessoal, de proximidade, entre catequista e catequizando. Pensamos na liturgia como celebração dos mistérios da salvação, mistérios do amor de Deus pela humanidade.

Com essa perspectiva, o nosso estudo ajudará a compreender que o centro da catequese é Jesus Cristo. E o centro da celebração litúrgica, em nossa Igreja, é também Jesus Cristo e seu Mistério Pascal. Além disso, tendo nosso olhar voltado para essas duas dimensões da evangelização, procuraremos compreender que catequese e liturgia são, por natureza, diferentes e que a diferença está no método. Enquanto a catequese ensina sobre Jesus e seu Evangelho educa a fé; a liturgia celebra Jesus Cristo, presença viva e atuante em cada celebração, e expressa a fé do povo que se reúne para celebrar.

LITURGIA, CELEBRAÇÃO DO MISTÉRIO DE JESUS CRISTO

1

Desde o Concílio Vaticano II (1962-1965), a Igreja tem afirmado, com insistência, que a Iniciação à Vida Cristã (IVC), de inspiração catecumenal, é o modelo a ser seguido para que a catequese realmente cumpra seu papel com eficácia. A IVC vai muito além de uma preparação para receber os sacramentos e visa inserir a pessoa no seguimento de Jesus Cristo como verdadeiro discípulo missionário. As dimensões orante e celebrativa são importantes, porque proporcionam, a quem participa no processo, um encontro transformador com o Senhor, capaz de alcançar e moldar o coração e a consciência. A comunidade eclesial, nesse processo, tem um papel único, pois educa para a missão e para o testemunho diário, nas situações comuns nas quais o iniciado viverá sua fé e dará sua adesão a um novo estilo de vida.

Voltando nosso olhar para os primeiros tempos da nossa Igreja, percebemos que nesse modelo de inspiração catecumenal eram fundamentais a centralidade da Palavra de Deus, a complementaridade entre catequese e liturgia e a vivência da fé aberta à dimensão social capaz de transformar a realidade. Hoje, esses elementos permanecem essenciais para a nossa prática catequética. É especialmente importante não nos esquecermos da interdependência harmoniosa entre catequese e liturgia, tão visível no início do cristianismo. A celebração dos mistérios da fé era parte essencial no processo de formação dos novos cristãos; o conhecimento e a experiência do Senhor incluíam a celebração da liturgia e a vivência na comunidade. Precisamos resgatar esses elementos e, para isso, precisamos compreender bem o que é liturgia e como ela está presente na catequese.

PARA PENSAR E PARTILHAR

- Comente os três pontos fundamentais no modelo de inspiração catecumenal.
- Como entende a complementaridade entre catequese e liturgia? Como ela se manifesta?

O QUE É CELEBRAR

Para compreendermos o que é liturgia, precisamos entender o que é celebrar; e, para isso, precisamos ter em mente *por que, como* e *com quem* celebrar.

Se não tivermos resposta para qualquer um desses questionamentos, a celebração perde força e sentido, tornando-se algo banal.

Celebrar é tornar célebre. Celebramos para mostrar que algo é memorável, isto é, tão importante que não pode ser esquecido. Para que uma celebração cumpra seu papel é preciso haver: um motivo digno de ser celebrado (pessoa ou acontecimento), pessoas que verdadeiramente valorizam esse motivo, comunhão entre os que celebram, gestos, palavras e sinais adequados. Uma característica comum às celebrações é o uso de ritos e símbolos que se repetem e, assim, guardam a marca do que está sendo celebrado (como, por exemplo, o bolo de aniversário). O elemento básico na celebração é a história do que é celebrado, ela pode ser contada muitas vezes, porque sempre é possível perceber algo novo, que desperta um novo sentimento, a partir daquele mesmo motivo celebrado.

Muito se fala sobre a importância das celebrações na catequese; de fato, celebrar cria pontes entre o coração, a mente do catequizando e o mistério de Deus. Uma catequese celebrativa facilita descobrir e sentir a beleza do encontro com Deus. A Palavra de Deus, que é o fundamento das celebrações, ilumina experiências, esclarece sinais e revela o projeto de Salvação acolhido pela fé. As celebrações na catequese são meios para experimentar a graça divina na simplicidade da flor, na luz da vela, no perfume do incenso, no gesto de ajoelhar-se, na cruz que revela o amor, no refrão de um canto que renova a esperança... Todos esses elementos, sob a forma do simbólico, configuram nossa identidade cristã, conservam a verdade histórica da salvação, que fundamenta o rito, e são muito valiosos no dia a dia da catequese.

O QUE É LITURGIA

O que Jesus veio fazer no mundo? *Para que* Ele veio ao mundo? Ter respostas para essas questões nos ajuda a compreender a liturgia. Em seu desígnio de salvação, primeiramente, Deus enviou os profetas ao povo de Israel. Na plenitude dos tempos, Ele enviou ao mundo seu próprio Filho Jesus, que se encarnou. Com a força do Espírito Santo, Jesus anunciou a Boa-nova de liberdade, de dignidade, de esperança e de amor. Tornou-se o mediador entre Deus e os homens (cf. 1Tm 2,6) e instrumento da nossa salvação (SC, n. 5).

Em sua vida terrena, Jesus "trabalhou com mãos humanas, pensou com inteligência humana, agiu com vontade humana, amou com coração humano" (GS, n. 22) para nos revelar o amor do Pai. E antes de se entregar, na Última Ceia, Ele fez um gesto novo, simples, mas de grande significado, que foi uma verdadeira síntese da sua vida totalmente em favor dos homens e mulheres de todos os tempos. Jesus instituiu o sacrifício eucarístico do seu Corpo e Sangue e confiou à Igreja o seu *memorial*, isto é, a lembrança viva capaz de tornar presente para sempre o sacrifício da Cruz, seu serviço em favor de toda a humanidade, sua Morte e Ressurreição.

O que é um *memorial*? Moisés, em nome de Deus, prescreveu o rito da ceia pascal hebraica dizendo: "Este dia será para vocês um memorial em honra do Senhor, que vocês celebrarão por todas as gerações, como instituição perpétua" (cf. Ex 12,14.26s.;17,24). Desde então, de geração em geração, os judeus celebram a ceia pascal experimentando a presença e a ação do Deus libertador na vida de cada um. Após a Ressurreição do Senhor, os cristãos, com compreensão semelhante e em atenção às palavras de Jesus "façam isso em memória de mim" (cf. 1Cor 11,24s.), passam a celebrar a Ceia do Senhor assim como Ele mesmo fez, antecipando sua entrega ao Pai na Morte e Ressurreição pela nossa salvação.

Liturgia é ação sagrada, com ritos e sinais, na igreja e pela igreja, mediante a qual se realiza e se prolonga a obra sacerdotal de Cristo para a santificação do ser humano e a glorificação de Deus (cf. SC, n. 7). É ação de uma comunidade – a Igreja – na qual Cristo age; toda ação litúrgica é, portanto, ação de Cristo sacerdote e da Igreja, seu Corpo. É ação sagrada por força da Revelação, porque comunica Deus e, por ela, nos comunicamos com Ele. Essa comunicação com Deus, por Cristo e em Cristo, se faz por meio de sinais e, de acordo com a especificidade de cada sinal, se dá a santificação dos homens e mulheres (movimento de Deus para a humanidade) e a glorificação de Deus (movimento da humanidade para Deus).

É importante compreender como a ação de Cristo Salvador se prolonga na vida dos homens e mulheres de hoje. Jesus deu aos seus apóstolos uma ordem: "ide pelo mundo..." Tendo sido enviado pelo Pai, Ele os enviou para pregar o Evangelho a todas as pessoas, anunciando que, com sua Morte e Ressurreição, Ele nos havia libertado das forças do mal e do poder da morte para celebrar o Sacrifício e os sacramentos. Os apóstolos, obedientes à missão recebida do Mestre, ao mesmo tempo em que anunciavam a Boa-nova atualizavam a obra da Salvação na liturgia, celebrando o Sacrifício e os sacramentos.

No dia de Pentecostes, quando a Igreja se manifestou ao mundo, os que receberam a palavra de Pedro foram batizados e "perseveraram na doutrina dos apóstolos, na partilha do pão e na oração" (cf. At 2,42-47). Desde então, a Igreja nunca deixou de se reunir para celebrar o Mistério Pascal de Jesus Cristo, realizando a obra da Salvação, celebrando os sacramentos, em torno dos quais gira toda a sua vida, e dando graças a Deus pela obra de Jesus Cristo (SC, n.6).

A Igreja é sinal e instrumento de salvação, continuando, na história, a missão de Jesus Cristo. Na Igreja e pela Igreja, Cristo continua a servir, de modo especial, na liturgia-serviço: na pessoa do ministro, no pão e no vinho consagrados, nos sacramentos, quando se lê as Escrituras Sagradas. Podemos dizer, então, que pela liturgia experienciamos o que Deus fez por nós: Cristo Senhor torna atual para nós o mistério de amor da sua Páscoa (cf. Jo 20,22), a redenção da humanidade e a perfeita glorificação de Deus.

Jesus Cristo fez ecoar no mundo o projeto de salvação do Pai com sua Palavra e sua vida, sua Morte e sua Ressurreição. E foi com essa certeza, sob o impulso do Espírito enviado em Pentecostes, que os primeiros discípulos assumiram a missão de anunciar a Boa-nova da Salvação a todos os povos, para que todos possam participar plenamente da vida nova que a Páscoa de Cristo inaugurou. Se a catequese é ecoar a Palavra divina que se fez ouvir na terra, na Pessoa de Jesus Cristo, essa Palavra também ecoa aos nossos ouvidos e ao nosso coração ao fazermos memória do Mistério Pascal nas celebrações litúrgicas. É isso que precisamos compreender: a Páscoa de Jesus Cristo continua ecoando, hoje, em cada liturgia vivida e celebrada!

Toda vez que se reúne para celebrar e expressar, solenemente, a centralidade da sua fé afirmando: "Anunciamos, Senhor, a vossa morte, e proclamamos a vossa Ressurreição. Vinde, Senhor Jesus!", a comunidade assume seu duplo papel: ao mesmo tempo em que catequiza, ela é, também, catequizada. Nesse processo, com seu modo próprio e original de conduzir a pessoa a viver sua fé, a liturgia leva o fiel a fazer a experiência de fé na própria assembleia litúrgica da sua comunidade. Todos os que formam essa assembleia, conhecidos e desconhecidos, pessoas com diferentes idades, diferentes condições sociais, níveis culturais e escolhas políticas, só têm em comum o fato de estarem no mesmo momento, no mesmo lugar, realizando o ato fundamental da fé cristã: a escuta da Palavra de Deus, a fração do pão, o beber do cálice.

E pela fé, o cristão toma consciência de que a assembleia de fiéis é a verdadeira manifestação da Santa Igreja de Deus. Essa comunidade é a manifestação visível do Corpo de Cristo, na qual cada um é chamado a tomar parte para formar um só corpo, a fim de receber o dom da comunhão como graça, fruto do Espírito Santo que derrama o amor de Deus no coração dos fiéis (cf. Rm 5,5). Pela fé, aprendida e transmitida na comunidade, o cristão compreende que nessa assembleia não estamos reunidos, motivados, por simpatias humanas, mas "em nome do Pai e do Filho e do Espírito Santo". Não é, então, por acaso que a celebração eucarística começa com essa fórmula trinitária: ela recorda a quem está na assembleia, de forma simples e ao mesmo tempo impactante, que a Igreja não é um grupo que se escolhe, mas é a unidade dos eleitos, homens e mulheres que Deus chamou a si.

A participação ativa, frutuosa e consciente na liturgia (cf. SC, n.7) tem consequências para nossa vida cristã: crescemos até o amadurecimento pleno em Cristo (cf. Ef 4,13s); somos fortalecidos para anunciarmos nosso Senhor; somos edificados como templos santos onde Deus habita pela força do Espírito Santo (cf. Ef 2,21s); e somos unidos e reunidos em um só corpo até que haja um só rebanho e um só pastor (cf. Jo 10,16).

Os símbolos, como o bolo no aniversário, as flores no Dia dos Namorados, a árvore enfeitada no Natal ou o abraço na despedida de um amigo querido, estão presentes em nossa vida. A palavra *símbolo* significa colocar junto, pôr juntamente, reunir, aproximar e unir. Portanto, simbólico é aquilo que une. Nós precisamos de ritos e de símbolos em nossas relações interpessoais e, da mesma maneira, em nossa relação com Deus. Como ação humana, ainda que também ação divina, a liturgia é uma ação simbólica. Por meio do símbolo nós nos relacionamos com Deus, e Cristo é o símbolo perfeito que nos liga ao Pai. Sendo um ato de fé, celebrar nos conduz além do simples entendimento da celebração. Podemos repetir inúmeras vezes palavras e gestos, mas só isso não significa assumir o que é celebrado nem ser parte do grupo que celebra. O Diretório Nacional de Catequese afirma que "aderir ao rito significa abrir-se ao sentido proposto por aquele grupo e, portanto, assumir sua identidade, fazer parte dele" (DNC, n.116). Ao celebrarmos "em espírito e em verdade" (cf. Jo 4,23), quando proclamamos aquilo em que acreditamos, a uma só voz com toda a assembleia, nós nos identificamos com ela e nos assumimos como parte dela. Portanto, a celebração é, também, uma afirmação da identidade que queremos ter. Um belo exemplo encontramos ao final do Rito de Admissão ao Catecumenato, quando quem preside convida os catecúmenos para que se juntem à assembleia celebrante. Essa, em nome da Igreja, acolhe os que pretendem tornar-se seus membros: "Desde então os catecúmenos, cercados pelo amor e a proteção da Mãe Igreja como pertencendo aos seus e unidos a ela, já fazem parte da família de Cristo" (RICA, n.14.18).

Os frutos do Concílio Vaticano II para a liturgia não se resumiram à incultura-ção da língua usada nas celebrações, que é o aspecto mais conhecido pelos fiéis. Na verdade, houve uma revisão da identidade e do papel da liturgia e o resgate do que é essencial: Jesus Cristo é o centro de toda a vida cristã (e, por-tanto, da liturgia) e eixo da ação da Igreja-povo de Deus; e os sacramentos são verdadeira participação no seu mistério. Essa reforma litúrgica resgatou também a dimensão mistagógica, tão importante nos primeiros séculos do cristianismo, bem como o papel da assembleia participante e ativa na celebração.

Esses elementos fundamentais para a liturgia interpelam fortemente a cate-quese, uma vez que todos estão presentes, de alguma maneira, na prática cate-quética. Podemos nos perguntar, por exemplo, como assegurar à assembleia a participação plena, consciente e ativa na celebração (cf. SC, n.7), como exige a própria natureza da liturgia, sem que aconteça, em nossas realidades, uma ver-dadeira catequese litúrgica? E como oferecer uma catequese litúrgica sem que os catequistas tenham compreensão e vivência da liturgia?

Existe, ainda, um aspecto inerente à liturgia de grande importância para nossa vida cristã. Nada colabora mais do que a liturgia para que possamos concretizar, em nossa vida, e manifestar às outras pessoas os projetos de Deus realizados em Jesus Cristo: a redenção e a salvação de todos os homens e mulheres, a implantação do Reino de Deus no mundo, a participação de todos na vida e na felicidade de Deus. Quando compreendemos isso não é mais possível viver nosso Batismo sem a participação constante na liturgia da comunidade.

ILUMINAÇÃO BÍBLICA – Mc 14,22-25.

PARA PENSAR E PARTILHAR

- Imagine-se na multidão que seguia Jesus; contemple seus gestos, escolha um e partilhe: o que esse gesto de Jesus desperta em você?
- Na liturgia atualizamos a obra da salvação de Jesus Cristo: como compreende essa afirmação?

TRANSFORMANDO EM ORAÇÃO

Sl 24(23)

Enquanto salmodiam, cada participante se aproxima da mesa preparada e faz um gesto espontâneo – tocar, beijar, molhar as mãos na água, pegar um pedaço do pão ou outro – e acende sua vela, naquela maior que está sobre a mesa.

Em seguida, todos dizem juntos, erguendo as velas acesas:

Senhor, nosso Deus, concedei-nos conhecer e compreender sempre mais a liturgia da nossa Igreja, atualização da liturgia de vosso Filho Jesus Cristo em nosso favor. Queremos aprender com Ele o culto que vos agrade e, com Ele, queremos nos dirigirmos a Vós, no Espírito Santo. Que em cada liturgia da qual participarmos possamos nos aproximar mais de Vós para sermos sustentados inteiramente no vosso imenso amor. Isso nós vos pedimos, ó Pai, por Cristo, Senhor nosso. Amém.

CATEQUESE, LITURGIA E TRANSMISSÃO DA FÉ

2

Deus, para se revelar e revelar seu amor misericordioso, veio ao nosso *encontro*. Toda a vida de Jesus foi um grande e libertador *encontro* com diferentes pessoas (cf. Jo 3,1-21; Jo 4,4b-42; Jo 9,1-41). Não se pode, portanto, compreender um itinerário de IVC que não tenha como centro um *encontro* e favoreça a convivência do catequizando com Jesus, meio e fruto do tornar-se cristão.

"É preciso redescobrir a liturgia como lugar privilegiado do encontro com Jesus Cristo" (Doc. 107, n.74). De fato, a liturgia evoca, convoca e provoca encontros. Evoca na medida em que crê e proclama ritualmente a presença do próprio Ressuscitado, que quis permanecer entre aqueles que, em seu nome, estivessem reunidos (cf. Mt 18,20); convoca, pois, experienciando a unidade e a comunhão, a celebração se faz expressão do único Corpo de Cristo que reza como "um só coração e uma só alma" (cf. At 4,32); e provoca encontros por meio da sua própria dinâmica ritual, que exige atitudes que tornem evidente um amor verdadeiro, condição indispensável para que a oração seja agradável a Deus, sem excluir ninguém e levando a compromissos fraternos. Fica evidente, assim, que a celebração não pode prescindir da comunidade e constrói essa mesma comunidade. Ainda que muitas vezes dividida, ela é a manifestação do Corpo de Cristo, na qual cada um é chamado a tomar seu lugar e receber o dom da comunhão como graça.

A experiência do *encontro* com Jesus e o mergulho no seu mistério de vida e de amor precisam do rito, do simbólico e do orante para acontecer. Por isso a dimensão celebrativa é tão importante nos itinerários de Iniciação à Vida Cristã. É impensável um processo catequético que não valorize o elemento mistagógico. Esse passa necessariamente pela liturgia, à qual, desde o início do cristianismo, coube, em plena interação com a catequese, a missão de iniciar na fé (cf. Doc. 107, n.70).

Como lugar para transmissão da fé a liturgia precisa ser compreendida, meditada e interiorizada. O diálogo entre Filipe e o etíope pode bem ser aplicado no âmbito da liturgia: "entendem o que celebram?" (cf. At 8,30), "como podemos entender, se ninguém nos orienta?" (cf. At 8,31). Esse diálogo mostra a interdependência existente entre catequese e liturgia, que dialogam entre si e alimentam-se mutuamente. Também os sinais, as palavras e os ritos, em seus diversos significados, precisam ser compreendidos para que a liturgia seja vivenciada. O Diretório

Nacional de Catequese, em seu n. 120, destaca a importância de educar para a compreensão e vivência dos sinais litúrgicos, afirma que eles são ao mesmo tempo: anúncio, lembrança, promessa, pedido e realização, mas seus significados só se tornam claros por meio da palavra evangelizadora e catequética. É, pois, tarefa fundamental da catequese iniciar os catequizandos aos sinais litúrgicos e, por meio deles, introduzi-los no Mistério Pascal de Jesus Cristo.

É muito interessante perceber que, no início da Igreja, os conteúdos da fé, necessários para quem se convertia ao cristianismo, eram aqueles que davam sentido às celebrações litúrgicas. Muitas das famosas catequeses dos Santos Padres surgiram das celebrações litúrgicas, uma vez que os ritos litúrgicos eram verdadeiros momentos de educação e amadurecimento na fé. Compreendemos isso quando entendemos que a liturgia, celebração da fé, é o cume, fonte e memorial da presença de Deus em meio a seu povo. Por isso ela é um ponto alto também da educação da fé e da formação dos educadores da fé. A catequese conduz à liturgia, pois explica o significado de seus sinais; ao mesmo tempo a liturgia torna-se catequese, pois contribui para o crescimento na fé.

Foi ao redor da mesa eucarística e na escuta atenta da Palavra, anunciada com entusiasmo e meditada repetidamente, que nasceram e se formaram os novos discípulos de Jesus. Portanto, desde o início do cristianismo a liturgia tem revelado sua dimensão iniciática. Não podemos deixar de enfatizar o caráter eminentemente celebrativo da liturgia, mas precisamos reconhecer também a importância da sua dimensão catequética. Porém pela riqueza do seu conteúdo, que guarda e transmite, e pelo modo como conduz a pessoa à experiência de Deus e ao aprofundamento da fé, a liturgia tem uma importante dimensão catequética e um papel como iniciadora na fé. Por isso, como anúncio explícito e orante do amor que salva e liberta homens e mulheres em todos os tempos, a liturgia é considerada "catequese em ato" (CR, n.89).

A liturgia é catequese permanente da Igreja, é fonte inesgotável de catequese, com sua bela diversidade e riqueza de ritos, textos, orações e celebrações e sua organização do tempo (Ano Litúrgico). Reconhecendo a ação catequética da liturgia, precisamos olhar para aquelas pessoas que têm nas missas dominicais sua catequese semanal ou sua única fonte de formação na fé. Por isso, é fundamental que sacerdotes, catequistas e agentes da pastoral litúrgica tenham consciência e zelo para que essa ocasião única de catequese não seja esquecida. Isso não significa fazer da celebração eucarística dominical uma grande palestra, ou um conjunto de momentos explicativos, mas usar tudo o que a liturgia oferece – orações, cantos, símbolos, textos, gestos, os sentidos – para levar a pessoa a fazer uma experiência autêntica de Deus e de seu amor.

Se a liturgia celebra o Mistério Pascal de Jesus Cristo e a catequese tem a tarefa de iniciar à liturgia, então a catequese deve ser pensada em uma perspectiva mistagógica – isto é, como aquela que "conduz para dentro do mistério", explicando a experiência dos sacramentos, mas sem dissociá-la da vivência sacramental. A mistagogia da celebração conduz os iniciados a viver o dom recebido, o mistério de salvação, e sua meta é a comunhão com o Pai, em Jesus Cristo, na presença e ação do Espírito Santo. Tudo isso encaminha o cristão, a partir da verdadeira vivência celebrativa da fé, a ir ao encontro dos outros com o "coração ardendo" e apontar a realidade do Ressuscitado, como aconteceu na experiência dos discípulos de Emaús (cf. Lc 24, 13-35).

Para ajudar o entendimento, podemos propor um exercício: mergulhar na mistagogia dos gestos e das ações do cristão na celebração eucarística. No rito da comunhão, saindo do nosso lugar, com os outros fiéis, caminhamos em uma breve procissão, abrimos as mãos para receber a hóstia consagrada e respondemos *"Amém" ao* ministro que nos apresenta o Corpo de Cristo. Com esses gestos, atitudes e palavras a liturgia transmite a fé na Eucaristia. Deixamos nosso lugar e caminhamos para o presbitério; é assim que a liturgia nos convida a percorrer um caminho que manifesta a Eucaristia como pão para o "homem a caminho"[1]. De fato, a Eucaristia é o alimento que sustenta o nosso caminhar diário, tal como o maná para o povo de Israel (cf. Ex 16,14s) ou o pão para o profeta Elias (cf. 1Rs 19,6-8). Percorremos esse caminho com os irmãos na fé; assim, a liturgia nos revela que não estamos sozinhos, mas estamos com os irmãos, com todos aqueles que, na Igreja, formam um povo a caminho do Reino. A procissão da comunhão é, assim, imagem da humanidade caminhando ao encontro de Deus, cada pessoa em sua própria condição. Diante do ministro abrimos nossas mãos, cheios de confiança, para recebermos a Eucaristia. Abrir a mão é o gesto humano que melhor traduz a disponibilidade para acolher. De mãos abertas e estendidas recebemos a Eucaristia, sacramento da Salvação em Cristo, dom gratuito e amoroso do Pai. Por fim, em resposta ao ministro, que nos apresenta a Eucaristia, expressamos nosso assentimento com o *"Amém"*. As palavras do ministro – "O Corpo de Cristo!" – são uma bela e elevada profissão da fé da Igreja na Eucaristia. Com nossa resposta, fazemos nossa essa fé da Igreja.

Podemos dizer que cada liturgia é uma profissão de fé. Particularmente, cada celebração eucarística é a mais solene e explícita profissão de fé. Existe, por isso, um vínculo definitivo e indissociável entre a liturgia e a transmissão da fé, de modo que celebrar a liturgia é, também, a realização do mais importante ato de transmissão a fé.

---

1. No livro dos Atos dos Apóstolos, aqueles que se decidiam pelo seguimento de Jesus Cristo eram chamados de "adeptos do Caminho" (cf. At 9,2).

ILUMINAÇÃO BÍBLICA – Lc 24,13-35.

PARA PENSAR E PARTILHAR

- A partir do estudo do texto apresentado, comente a afirmação:
- Se na catequese questionamos a fé, na liturgia fortalecemos a fé; se na liturgia celebramos a vida, por meio da catequese transformamos a vida.
- Na prática da catequese, o que pode favorecer a compreensão do valor da liturgia?

TRANSFORMANDO EM ORAÇÃO

Ler e rezar o Sl 66(65)

Como catequistas, transmitimos aquilo que herdamos da nossa Igreja, anunciando Jesus Cristo, nosso Senhor, e dele damos testemunho, porque sabemos em quem colocamos nossa fé e nossa esperança. E porque nele cremos, dizemos:

Creio em Deus Pai Todo-Poderoso, Criador do céu e da terra...

EDUCAR PARA VIVER A LITURGIA

3

No Livro do Êxodo, encontramos como acontece a ceia hebraica celebrada em família por ocasião da Páscoa. O filho mais novo pergunta ao patriarca da família, que preside a liturgia da Páscoa, "o que significa este rito?" (cf. Ex 12,26). Recordar o significado do rito pascal impede que ele seja esquecido e a celebração esvaziada de sentido. Pergunta semelhante era feita pelos catecúmenos na Igreja primitiva. A resposta, conforme encontramos nas catequeses mistagógicas dos primeiros séculos, é que em toda ação litúrgica estão presentes os eventos de salvação narrados nas Escrituras Sagradas. E mais: o pano de fundo do rito litúrgico é o Mistério de Jesus Cristo, sua vida, Paixão, Morte e Ressurreição. Sabemos que um rito só comunica algo se estiver verdadeiramente unido ao evento que lhe deu origem e do qual é memorial. Para melhor compreendermos, podemos nos perguntar: que sentido teria um bolo de aniversário na comemoração da conquista de um campeonato de futebol? Portanto, o ensinamento dos Santos Padres em suas catequeses era, e é para nós hoje, fundamental para a vida cristã: se não conhecemos o sentido do rito celebrado, rompemos o vínculo entre liturgia e História da Salvação e rompemos nossa comunicação com Deus!

No Evangelho Segundo São João, na narração da Última Ceia de Jesus, depois de lavar os pés dos discípulos, Ele se coloca novamente à mesa e pergunta: "entendeis o que vos fiz?" (cf. Jo 13,12). E com as palavras que depois pronuncia se faz de mistagogo do gesto (cf. Jo 13,14). Assim como no partir o pão e entregar o cálice, também no lavar os pés está contido todo o Mistério de Cristo, todo o sentido de sua existência. Compreender o sentido desse gesto de Jesus significava, para os discípulos, compreender o sentido da sua vida e da sua morte. Compreender o que Cristo realiza na celebração litúrgica significa, para nós, conhecer, na mente e no coração, todo o Mistério de Cristo.

A partir do entendimento do sentido dessas duas questões, podemos destacar outras: o que significa educar para viver a liturgia? Como educar para viver a liturgia? Como a catequese é importante nesse contexto?

Em primeiro lugar, precisamos entender que não podemos apenas ensinar o verdadeiro sentido da liturgia. Ele é alcançado, de modo especial, pelas liturgias vividas e celebradas em nossas comunidades eclesiais. Isso é verdadeiro, pois na liturgia não se fala de Deus, mas se fala com Deus.

Mas como iniciação à vida eclesial a catequese tem a importante tarefa de educar para a liturgia, isto é, de educar para vivenciar a liturgia, levando à experiência do Mistério de Cristo. Mas entrar no mistério celebrado não é repetir gestos, palavras ou símbolos, mas dar conteúdo, sentido e vida ao que fazemos e a como celebramos. Isso significa priorizar o que celebramos e não como celebramos. Como, então, a catequese educa para viver a liturgia? Ela "celebra iniciando", inserindo os catequizandos na vida litúrgica da Igreja e ajudando-os a compreendê-la como celebração da obra de salvação de Deus pelo Mistério Pascal de Cristo. É dizendo sim a Deus, a sua vontade, a sua obra e celebrando na liturgia esse sim, assumido e vivido, que se realiza a obra da salvação.

Em outras palavras, a catequese educa para viver a liturgia, ao educar para compreender *o que*, *por que* e *como* celebramos – isto é, a Pessoa de Jesus Cristo, seu significado para os seres humanos de todos os tempos e a linguagem simbólica ritual. E isso exige experiência, aproximação, vivência.

PARA PENSAR E PARTILHAR

Recorde o significado de: celebrar e iniciar. Partilhe o que entende por "celebrar iniciando", que é a maneira própria da catequese de educar para a liturgia.

TRANSFORMANDO EM ORAÇÃO

Como catequistas precisamos estar sempre disponíveis para a ação de Deus em nós. Ele nos modela como um escultor que transforma um tronco de árvore em uma obra de arte perfeita. Peçamos a graça de compreendermos a liturgia, que celebramos, e nela nos deixarmos transformar. Rezemos juntos:

Senhor Jesus, nós te agradecemos, porque, pela liturgia, participamos de tua Redenção. Queremos participar contigo da renovação do mundo por meio do teu projeto de vida, que celebramos e atualizamos em cada liturgia celebrada. Queremos ser transformados por teu amor, que celebramos na liturgia. Por isso, nós nos oferecemos a ti nesse dia e, de modo particular, oferecemos nosso trabalho na comunidade como catequistas, dispostos a ajudar nossos irmãos e irmãs a te conhecerem, a assumirem tua proposta amorosa para cada um e a darem testemunho de ti diante dos homens e mulheres de nosso tempo. Aceita, Senhor, tudo o que estudamos, nossas reflexões, nossas partilhas; é por ti que o fazemos, Jesus, porque te amamos e queremos fazer tua vontade. Ajuda-nos a colocar em prática nossos propósitos. Aceita nosso trabalho na catequese, que queremos realizar em comunhão contigo na fidelidade ao Pai e ao Mistério Pascal, que celebramos com nossos irmãos e irmãs. Senhor

Jesus, que nossos esforços possam contribuir para te fazer conhecido como fonte de Vida; e a nós, que somos teus servos e servas, dá-nos o sustento com a força do teu Espírito e com a tua graça. Amém.

Concluir cantando o Sl 156(135).

4   EDUCAR PARA VIVER DA LITURGIA

A liturgia é, sem dúvida, o modo específico por meio do qual a Igreja vive de Cristo e por Cristo, fazendo os fiéis viverem de Cristo e por Cristo. Viver da liturgia que celebramos significa viver daquilo que experimentamos na liturgia: o perdão, a Palavra de Deus escutada, a ação de graças, a Eucaristia recebida como comunhão.

Como viver da Liturgia celebrada? Talvez seja esse o aspecto mais significativo ao refletirmos sobre a liturgia. Porém, o modo como se vive *da* liturgia depende, e muito, de como se vive *a* liturgia. E já sabemos que para viver a liturgia precisamos compreendê-la, experienciá-la e guardá-la em nosso coração.

Para os primeiros cristãos, saber a doutrina de Jesus equivalia a assumi-la integralmente na força do testemunho, abraçando a cruz e proclamando na liturgia e na vida a certeza da ressurreição. Conhecer, rezar e testemunhar não eram dimensões separadas umas das outras, mas todas necessariamente importantes para o "ser" cristão.

Na Última Ceia, Jesus foi claro: "façam isso para celebrar a minha memória" (cf. Lc 22,19). A entrega da sua presença no pão e no vinho é sinal da oferta da sua vida e um convite para doar a vida, como Ele fez. É assim que guardamos sua memória: vivendo o que Ele disse, o que fez, o que ensinou e, especialmente, o imenso significado de sua presença entre nós.

O compromisso com a Pessoa de Jesus, sua mensagem e seu projeto em todas as dimensões da vida: esse é o modo de viver do cristão. Esse comprometimento não nasce de explicações, mas da experiência com o Senhor. E esse encontro com Jesus acontece quando deixamos que a liturgia, que é a vida de Jesus, nos mobilize e nos provoque para darmos a nossa resposta.

Vivemos da liturgia quando percebemos que, a cada celebração, somos renovados para sermos instrumentos de Deus em seu projeto de amor para a humanidade. Quando entendemos que dela vem a força para anunciarmos Jesus Cristo, nosso Senhor, com coragem e convicção, vivendo conforme o que professamos (cf. 2Cor 6,1). Quando compreendemos que na liturgia nos alimentamos para darmos testemunho de Cristo no mundo e que o culto agradável a Deus é, em primeiro lugar, a nossa vida vivida em obediência a sua vontade, como fez, de modo perfeito, Jesus Cristo.

Nas Escrituras Sagradas encontramos exemplos de como a intimidade com Deus traz consequências e compromissos (cf. Ex 4,10; Jr 1,6; Is 6,5-8). Participar na liturgia sem assumir na vida a consequência da caridade e da justiça enfraquece o vínculo experimentado na celebração (cf. Is 1,11-18; Am 5,21-24). A liturgia contribui não só para que possamos concretizar o Mistério de Cristo em nossa vida, mas para o manifestarmos aos outros e nos comprometermos com o mundo. Quando compreendemos isso, percebemos que a liturgia não termina, fica em nós para nos sustentar em nossa missão cotidiana: como pais, que voltam para casa e querem o melhor para seus filhos; como profissionais, que descobrem que podem contribuir para transformar o mundo e torná-lo mais justo e mais fraterno com seu trabalho; como aquele que sai de sua casa para anunciar o Evangelho, que sente o poder da Palavra em sua vida e quer que outras pessoas façam essa experiência; como sacerdotes, que deixam a família humana para cuidar da família de fé; como jovens, que se veem capazes de ajudar os amigos a viverem com responsabilidade; como idosos, que se descobrem verdadeiras testemunhas de fé.

Embora a Eucaristia seja o centro da vida litúrgica, essa abrange todos os sacramentos e a catequese está atenta a isso, assumindo todo o itinerário que leva à sua celebração. Mas, em primeiro lugar, a catequese deve preparar para a vida na comunidade. Nessa vida comunitária, os sacramentos são pontos altos que merecem ser devidamente preparados e celebrados como instrumentos de transformação da realidade, levando toda a comunidade a assumir um verdadeiro compromisso com o Reino de Deus.

Se ser cristão é estabelecer uma relação pessoal, íntima e especial com Jesus, a liturgia não só contribui para estabelecer essa relação como a mantém viva. Cada cristão é chamado a viver o Mistério de Cristo presentificado na liturgia; isto é, nossa vida deve prolongar o que celebramos. A celebração não encerra nem esgota a liturgia, mas existe um antes e um depois. A nossa vida cristã precisa nos levar para a celebração-ação de graças e deve ser vivida a partir da celebração-dom. Quem entende o que celebra e porque celebra não se limita à participação na celebração litúrgica, mas vive da liturgia e faz da sua vida uma liturgia ao Pai, com Cristo e em Cristo!

ILUMINAÇÃO BÍBLICA – Fl 2,1-5.

PARA PENSAR E PARTILHAR

▪ Partilhe sua percepção e compreensão da afirmação: nossa vida deve prolongar a liturgia que celebramos.

▪ Por que a celebração eucarística é a celebração central da comunidade e de toda a vida cristã?

TRANSFORMANDO EM ORAÇÃO

Em silêncio, pensar em tudo o que foi estudado e nas reflexões feitas. Em seguida, dizer preces espontâneas de agradecimento, de louvor, de súplica.

Ao final, pedir a Deus para que o ajude a continuar sua missão de catequista com alegria e zelo. Concluir rezando juntos: Pai nosso...

O CATEQUISTA EDUCA
PARA O COMPROMISSO CRISTÃO

Virginia Feronato

"Alegrai-vos naquele dia e exultai, porque no céu será grande a vossa recompensa".
(Lc 6,23a)

RECURSOS

Bíblia, vela, faixas com as bem-aventuranças do Evangelho de Mateus; faixas com as bem-aventuranças do Evangelho de Lucas.

AMBIENTAÇÃO

Para estudo em grupo preparar a Bíblia ao centro, vela, uma flor, organizar o espaço com as faixas das bem-aventuranças.

INTRODUÇÃO

As bem-aventuranças abrem o Sermão da Montanha, o discurso mais famoso de Jesus, no qual ele apresenta uma síntese do Reino de Deus. O tema provoca certa inquietação, porque Jesus fala sobre a felicidade de uma forma que parece ir na direção contrária a que o mundo entende por felicidade. As bem-aventuranças são como um guia para a santidade; entretanto, elas parecem não estar plenamente assimiladas pelos que desejam viver conforme os preceitos do Reino.

Vejamos um relato pessoal sobre o que conhecemos acerca das bem-aventuranças, que poderá inspirar a reflexão durante o estudo deste texto: Uma amiga, de coordenação catequética, perguntou a um grupo de catequistas, durante uma formação, se eles conheciam os Mandamentos de Deus e solicitou que os recitassem de cor, ao que foi prontamente atendida. Na sequência, perguntou: "E as bem-aventuranças? Quantas são?" Silêncio absoluto. "Alguém sabe recitá-las de cor?" Enquanto ela narrava o fato, eu respondia mentalmente: "não sei quantas são... acho que cinco ou seis", "Se sei decor... claro que não...", "Misericórdia! Que vergonha!" Para minha sorte, um tempo depois, a amiga disse que quando fez as perguntas pela primeira vez também não sabia as respostas com certeza.

A partir desse relato podemos nos perguntar: por que as bem-aventuranças, essa pregação tão bela e amorosa de Jesus, não estão em nosso coração (decorar significa aprender, guardar no coração)? Por que não sabemos quantas são? Por que elas nos causam estranheza?

A resposta pode surgir rapidamente: às vezes lemos um texto, mas não dedicamos tempo e atenção para compreendê-lo plenamente. No caso das bem-aventuranças, por vezes temos a impressão de que a felicidade, da forma como Jesus expressou em seu discurso, somente pode ser alcançada buscando a pobreza, a dor, a perseguição ou a injustiça. No entanto, o que Jesus nos ajuda a perceber são situações, depois ele nos faz pensar nos motivos da felicidade e conduz à compreensão de que a felicidade é conquistada progressivamente estando na graça e no caminho de Deus (cf. FRANCISCO, 2020c). Portanto, no espaço catequético é preciso dedicar tempo e atenção para reconhecer que a proposta de Jesus implica convidar os catequizandos a um mergulho nesse modelo de vida apresentado por Ele. E podemos começar perguntando: Vamos realizar esse mergulho no estudo desse texto?

1
A FELICIDADE DO REINO DE DEUS

Desejada por todos, em todos os tempos, a felicidade é buscada como um tesouro valioso, algo que nos é imprescindível e sem a qual não podemos viver. É assim, também, com outras necessidades, como água, alimento, proteção e abrigo, coisas que não nos podem faltar, caso contrário, perecemos. Entretanto, sabemos que é possível ter essas coisas na quantidade ideal, em excesso ou em escassez. Sobrevivemos com pouca água, pouco alimento, pouco abrigo, apesar de isso não ser nada fácil. E a felicidade? Sobrevivemos com uma parcela pequena dela? É possível ser só "um pouco" feliz?

Para Aristóteles, filósofo grego que viveu no século IV a.C, felicidade é a finalidade última da vida humana, o "bem maior". Porém o pensador aponta para ela como um bem estável e duradouro, disponível para todas as pessoas. Fala ainda que a felicidade "tem uma relação com a divindade, seja porque vem dos deuses ou porque é uma condição como a dos deuses" (PAKALUK, 2020, p. 84).

Para os cristãos, Deus é a origem da felicidade e, por amor, criou tudo o que existe. O Catecismo da Igreja Católica (CIgC), que é a "expressão da doutrina da fé de todos os tempos" (DC n. 184) e, também, instrumento que norteia a catequese, apresenta, no primeiro parágrafo, que Deus é nossa finalidade maior: "Deus, infinitamente perfeito e Bem-aventurado em si mesmo, em um desígnio de pura bondade, criou livremente o homem para fazê-lo participar da sua vida bem-aventurada". Bem-aventurado é sinônimo de feliz, afortunado, abençoado, um conjunto de adjetivos que apontam para a felicidade plena, o *bem maior*. Logo, podemos dizer que Deus, infinitamente perfeito e feliz, nos criou para participarmos de sua felicidade. Então, é possível concordar com o filósofo e acrescentar que a felicidade é muito difícil de ser alcançada longe de Deus.

No número 27 do Catecismo, lemos que no coração de cada pessoa está "inscrito o desejo de Deus", o anseio por estar junto a seu Criador. Deus, que ama infinitamente, "não cessa de atrair o homem para Si e só em Deus é que o homem encontra a verdade e a felicidade que procura sem descanso". Essa necessidade constante, que nos desinstala e nos coloca em movimento para alcançar esse *algo a mais* que parece faltar, é nossa necessidade de Deus e de sua bem-aventurança.

Imagem e semelhança de seu Criador, o ser humano tem os atributos da inteligência, da vontade e da liberdade para guiar suas decisões e escolhas. Usando da liberdade nem sempre escolhe o bem. Há quem considere que liberdade é o direito de fazer o que se deseja, até mesmo o mal que fere, que escraviza e faz sofrer. Entretanto, precisamos lembrar que somente apropriando-se de sua liberdade o ser humano pode se converter ao bem, pois Deus não quer seres humanos como bonecos manipuláveis, e sim como seres capazes de renunciar a tudo que os escraviza. Porém, os seres humanos, na condição de pecadores, somente podem realizar a escolha pelo bem com a ajuda do Senhor, pois a graça divina é força fundamental para essa escolha (cf. CIgC, n. 7). Deus, que quer a felicidade verdadeira para todos, mulheres e homens de todos os tempos, envia seu Filho Jesus para nos ensinar a perseverar na caminhada rumo ao seu Reino.

Cristo é imagem perfeita do Pai, mas vem a nós na condição humana, pois era preciso que fosse assim para que pudéssemos acreditar. Ele nos revela o Pai e nos convida a viver em perfeita comunhão com Deus, assim como ele vive. Jesus nos convida à perfeição quando diz "sede perfeitos como vosso Pai celestial é perfeito" (Mt 5,47) e em tudo agradava ao Pai. Ele pede ainda que sejamos santos, pois com a santidade vem a felicidade e ele "quer-nos santos e espera que não nos resignemos com uma vida medíocre, superficial e indecisa" (GeE, n.1). Ninguém quer uma vida assim, mas talvez a razão de tanta infelicidade e insatisfação esteja na forma como compreendemos o que na vida é pleno, profundo e decidido.

As rápidas transformações que ocorrem no mundo fazem com que tudo e todos se relacionem em uma constante interação, o que leva a estar em evidência, a ser visto, a ser curtido, a ser marcado nas redes sociais. Tudo isso, dentre outras situações, ocupa o tempo e a mente de uma significativa parcela da sociedade. Hoje, parece ser obrigação ter sucesso no trabalho, ganhar muito dinheiro, estar em vários lugares, exibir sorrisos em selfies para si mesmo e parecer feliz para os outros. O desejo de *ser alguém na vida*, de possuir coisas, de estar em visibilidade constante não é medíocre, mas desejar ser como todo mundo é, ter o que todo mundo tem e ser visto por todos parece estabelecer o nível de relacionamento intra e interpessoal superficial, além de limitar o viver, reduzindo as possibilidades de verdadeiramente aproveitar cada momento e cada experiência que a vida nos oferece.

A felicidade é um bem estável e duradouro, disponível para todas as pessoas, mas não é uma obrigação ou um bem, cuja conquista nos causa fadiga. A felicidade não é um estado constante de êxtase, isso é alegria, e também não é ausência de tristeza. A pessoa feliz vive com intensidade momentos alegres, assim como fazem parte de sua experiência os momentos tristes. Esses a ajudam a reconhecer a felicidade. Então reflita: Você é feliz?

PARA PENSAR E PARTILHAR

Em pequenos grupos, converse sobre o que é felicidade. Algumas questões podem ajudar:

▮ O que é necessário para ser feliz? Como isso se faz visível em sua vida?

Vivemos a felicidade a partir do nosso interior ou ela depende das coisas externas de nossa vida?

A ESTRUTURA DO TEXTO NOS EVANGELHOS DE MATEUS E LUCAS 2

Uma vez incorporados a Cristo pelo Batismo, somos chamados por ele a viver as bem-aventuranças, expressão de sua imagem e caridade, que orientam as ações e atitudes de uma vida cristã (cf. CIgC, n.1717). Jesus nos convida, de modo muito simples, a vivermos a/na santidade, como ele viveu, quando nos apresenta as bem-aventuranças. O Papa Francisco diz que elas "são como que o bilhete de identidade do cristão", por isso, o que temos que fazer para sermos bons cristãos é seguir, de acordo com as nossas condições, o que Jesus nos recomenda em seu discurso (cf. GeE, n.63). Parece simples, mas exige de nossa parte comprometimento e dedicação, principalmente quando escolhemos servir a Deus por meio da catequese.

Observando como o cenário do discurso é apresentado, percebemos que Jesus ensinava os discípulos e o povo que o seguia, principalmente por causa dos sinais que realizava. As pessoas vinham em busca de cura, orientação, atenção e ele "os curava" (cf. Mt 4,24), porque se compadecia deles. Dirigindo-se aos discípulos, à multidão e a nós hoje, Jesus vem em socorro às necessidades e mazelas da humanidade, porque é amor e compaixão que ele sente. A multidão quer sempre tocá-lo, "porque dele saía uma força que a todos curava" (Lc 6,19).

Existem diferenças e semelhanças nas duas narrativas que precisam ser observadas mais de perto:

- Mateus apresenta nove vezes a expressão bem-aventurados; considerando que os versículos 10 a 12 se complementam, temos oito motivos de felicidade. Jesus sobe a montanha para ensinar, o que representa sua autoridade estabelecida pelo Pai, e fala em terceira pessoa, como que estendendo um diálogo maior com a multidão.
- Lucas apresenta quatro bem-aventuranças e uma sequência de quatro "ais" ou "alertas" em oposição. Jesus fala em segunda pessoa, dando a impressão de que o ensino é dirigido especialmente aos discípulos a quem escolheu depois de passar a "noite inteira em oração a Deus" (Lc 6,12) na montanha. Descendo, Ele profere seu ensinamento.

Cada bem-aventurança é apresentada em três partes:

1. a atribuição através da expressão "bem-aventurados" ou "felizes";
2. a descrição da condição em que se encontra o bem-aventurado (pobre, faminto, triste, pacífico);
3. a razão pela qual são bem-aventurados (porque alcançarão o Reino, serão saciados, consolados, possuirão a terra).

Em síntese: bem-aventurados ou felizes – os que – porque. A mesma ordem é apresentada nos alertas em Lucas: ai - dos que – porque. É possível observar ainda que Jesus fala da condição presente e da condição futura do bem-aventurado, ou seja, "os que choram" agora "serão consolados" no futuro. Entretanto, quando se refere ao Reino de Deus Jesus fala no presente: *porque deles é o Reino de Deus*. Para quem vive as bem-aventuranças o Reino não é condição futura, "Nem se poderá dizer 'está aqui' ou 'está ali', porque o Reino de Deus está no meio de vós" (Lc 17,21).

Nos dois textos, o movimento de subir e descer a montanha ou o monte nos recorda Moisés, que sobe e desce para trazer ao povo as leis que orientam o bem viver terreno. Os dez mandamentos continuam sendo a constituição do cristão, porém Jesus aponta as bem-aventuranças como uma proposta para estabelecer um estilo de vida, que caracteriza o caminho para alcançar a felicidade proposto por Ele.

2.1 O Sermão da Montanha: as bem-aventuranças em Mateus

As palavras de Jesus, em Mateus, soam com um tom poético e terno, pois a multidão à qual o Mestre se dirige está carente de tudo, está enferma no corpo, na alma e necessita de consolo e amparo. Em suas palavras estão a revelação do caminho da felicidade da qual, pelas tradições e conceitos da época, essa multidão não fazia parte. A ideia de bênção divina estava associada ao que se podia ver, por isso a felicidade era para os ricos, os bem alimentados, os sãos, os protegidos. Imaginemos a estranheza que a inversão dessa ideia causou e a alegria e o consolo que provocou nos excluídos e marginalizados!

Mateus escreve considerando o contexto de sua comunidade, formada por convertidos vindos do judaísmo e do paganismo. Os judeus sentiam-se privilegiados por Jesus também ser judeu; daí a preocupação de Mateus em falar especialmente para que eles compreendessem a mensagem evangélica, uma vez que a fé judaica é centrada no Deus da Aliança pela Lei de Moisés. Jesus é mostrado por Mateus como o novo Moisés, aquele que vem trazer a nova Lei: fazer o bem. A nova Lei é apresentada numa perspectiva positiva, quando Jesus aconselha o povo a fazer o bem (cf. Mt 7,12), e não no tom proibitivo do decálogo "não matarás" (Ex 20,13), o que indica a grande preocupação do autor com o tema da justiça. Para o povo judeu a justiça consistia em cumprir todas as leis que, nem sempre, exigiam praticar o bem. A justiça de Jesus é a do amor que vai além da lei, amor irrestrito. Na nova justiça do Reino dos Céus é preciso amar com liberdade e sem estabelecer condições.

ILUMINAÇÃO BÍBLICA – Mt 5,1-12.

Vamos nos aprofundar em cada uma das bem-aventuranças apresentadas no Evangelho de Mateus.

Bem-aventurados os pobres no espírito, porque deles é o Reino dos Céus (v. 3)

Na primeira bem-aventurança a referência que Jesus faz é bem clara: não se trata simplesmente de pobreza material, mas das necessidades que o espírito humano tem. Não existiria lógica alguma se Jesus afirmasse que só por não possuir bens materiais uma pessoa é bem-aventurada. Ser pobre em espírito significa reconhecer-se carente de tudo, alguém que não pode viver por si mesmo sem o amparo de Deus e dos irmãos. Na linguagem bíblica, o espírito é o sopro da vida que nos foi dada por Deus, o nosso interior, o que nos dá identidade; portanto, ser pobre no espírito significa sentir-se necessitado no íntimo de nós mesmos, significa reconhecer nossa fragilidade de criaturas, nossas limitações, nossas fraquezas. Isso nos faz compreender que a pobreza no espírito é aquilo que necessitamos para nossa edificação interior e que só Deus pode nos conceder.

Desde que a humanidade começou a produzir seu sustento, possuir bens tornou-se prioridade e motivo dos maiores conflitos que conhecemos. Isso fundamenta-se na ideia de que a riqueza consegue tudo, inclusive prestígio e fama. Na era da visibilidade, ser notado talvez seja mais importante que possuir bens, porém, isso já era evidente na origem da humanidade. Podemos compreender isso com Caim e Abel ao fazerem sua oferta a Deus. Abel ofertou o melhor de si mesmo, tendo menos condições que Caim, e "Deus se agradou de Abel e de sua oferta, mas de Caim e de sua oferta não se agradou. Caim ficou muito irritado e andava com o rosto abatido" (Gn 4,4-5). Temos aqui um exemplo de "espírito de rico" e "espírito de pobre": Caim, apegado aos bens materiais, não é grato a Deus, que tudo provê. Abel, por sua vez, reconhece que tudo é dom do Senhor. Avarento de si mesmo, Caim se ressente de não ter prestígio e fama perante Deus, aí está a origem de sua tristeza, de seu rosto abatido e de sua irritação. O espírito pobre de Abel sente-se livre e grato por tudo que recebe, o coração rico de Caim "fica tão satisfeito de si mesmo que não tem espaço para a Palavra de Deus, para amar os irmãos, nem para desfrutar das coisas mais importantes da vida. Desse modo, priva-se de bens maiores" (GeE, n. 68). O espírito amargo e orgulhoso de Caim trouxe a morte e o pecado, o espírito abnegado de Abel já era do Reino dos Céus.

O espírito pobre sempre tem espaço para receber o que necessita, o espírito rico não pode receber mais nada, porque está cheio e normalmente é orgulhoso, não pede ajuda, sente-se autossuficiente, tem dificuldade em admitir erros e pedir perdão. No entanto, nossa condição humana nos coloca na condição de mendigos espirituais, o que nos faz aceitar a pobreza de nosso ser e procurar o desapego material que nos torna livres para amar a Deus e aos irmãos (cf. FRANCISCO, 2020c).

Bem-aventurados os que choram, porque serão consolados (v. 4)

As razões do choro são inúmeras, mas essa bem-aventurança é para aqueles que choram por reconhecerem sua fragilidade espiritual, por isso é um chorar por dentro, que faz com que se abra "uma relação com Deus e com o próximo" (FRANCISCO, 2020c); é o choro que nasce no coração e se manifesta exteriormente em forma de lágrimas. Trata-se de quem chora por si próprio, pois sabe que seus atos feriram profundamente a Deus, mas chora diante de tudo que faz sofrer e que afasta a humanidade do projeto do Senhor. "Os que choram" se compadecem com todas as aflições, as suas e as do mundo, e buscam Deus que traz o perdão, libertação e força para resistir a toda dificuldade. A bem-aventurança para esses que choram é o consolo que vem de Deus.

Essa bem-aventurança, um tanto assustadora, talvez seja hoje uma das mais necessárias para a humanidade. O livro de Eclesiastes, no capítulo 3, nos ensina que "Tudo tem seu tempo. Há um momento oportuno para cada coisa debaixo do céu (v. 1)", "[...] tempo de chorar, tempo de rir, tempo de lamentar e tempo de dançar" (v. 4). O texto segue do versículo dois até o nove fazendo um jogo entre opostos – plantar e arrancar, matar e curar, destruir e edificar – quem sabe para nos lembrar que só conhecemos uma situação quando experimentamos seu oposto. Embora o texto nos lembre que não é possível evitar os momentos de sofrimento, de renúncia, de perdas, de labuta, o mundo atual parece não querer chorar, não querer enfrentar essas dificuldades. É o mundo da visibilidade e ninguém gosta de ver o que é triste, então, vemos as redes sociais inundadas de alegria e beleza, muitas vezes forçadas.

Os pais, por exemplo, estão cuidando para que os filhos não enfrentem dificuldades, não sofram. Isso é facilmente constatado quando se ouve os pais dizerem: "trabalho muito para que meu filho tenha tudo o que eu não tive, para que não passe pelas dificuldades que passei". Porém, essa *boa* intenção fez surgir uma geração que desconhece a frustração, a dificuldade, a dor, o não, e vive em meio a uma insatisfação constante que os faz querer sempre mais e isso se torna motivo de sofrimento. Tal condição resulta de não saber agir na resolução de problemas, não saber como batalhar para alcançar seus sonhos, por não saber esperar por algo que deseja, como por exemplo, um celular ou até mesmo uma resposta sobre algo de seu interesse. Essa geração vive no mundo que recomenda como prioridade a diversão, o prazer, o entretenimento, por isso torna-se também indiferente ao sofrimento alheio.

A Exortação apostólica *Christus Vivit* (ChV), dirigida aos jovens e a todo o povo de Deus, ao tratar sobre os jovens de um mundo em crise, destaca que é preciso aprender a chorar (cf. ChV, n. 75). Com isso não quer dizer buscar o sofrimento e a dor, mas enfrentá-los e vivê-los quando surgirem. É preciso aprender a chorar pelas próprias dores, pelos próprios pecados, para aprender, também, a chorar pelas dores e pecados dos outros. Dirigindo-se especialmente aos jovens, mas com palavras também adequadas a todas as gerações, o Papa Francisco exorta no número 76 da *Christus Vivit* (2019):

> [...] certas realidades da vida só se veem com os olhos limpos pelas lágrimas. Convido-os para que cada um se pergunte: Eu Aprendi a chorar? Eu aprendi a chorar quando vejo uma criança com fome, uma criança drogada pela rua, uma criança que não tem casa, uma criança abandonada, uma criança abusada, uma criança usada pela sociedade como escrava? Ou o meu pranto é um pranto interesseiro daquele que chora porque gostaria de ter uma coisa a mais? Tente aprender a chorar pelos jovens [e por todos] que estão em situação pior do que você. A misericórdia e a compaixão também se expressam chorando. Se não consegues, roga ao Senhor que te conceda derramar lágrimas pelo sofrimento dos outros. Quando souberes chorar, então serás capaz de fazer algo, de coração pelos demais.

É possível, também, que algumas pessoas se tornem indiferentes diante de tanto sofrimento, dor e injustiça que existe no mundo por se sentirem impotentes para mudar as coisas. Então é melhor não olhar, não pensar, não enfrentar. Essas pessoas precisam ser despertadas dessa indiferença e olhar as possibilidades de soluções para as causas que ferem os direitos e a dignidade do ser humano.

O consolo concedido aos que choram não é para ser conquistado no céu, ou no fim dos tempos, quando o Senhor enxugará toda lágrima dos olhos e toda dor e sofrimento passarão (cf. Ap 21,4). Esse consolo é imediato e acontece sempre que nos abandonamos nos braços do Pai. Também não é preciso chorar para alcançar a felicidade, mas compreender que, por vezes, são as lágrimas que podem impedir alguém de fechar-se para si mesmo ou para os outros (ALEIXANDRE, 2008).

Bem-aventurados os mansos, porque herdarão a terra (v. 5)

Numa oração de gratidão, Jesus louva ao Pai por revelar verdades aos "pequeninos", ou seja, aqueles que são pobres no espírito, os que choram, aqueles que não precisam impor-se, ameaçar, humilhar para se sentirem importantes, pois encontram em Deus a sua força. O Mestre convida: "Tomai sobre vós o meu jugo e aprendei de mim, porque sou manso e humilde de coração, e encontrareis descanso para o vosso espírito" (Mt 11,29). Com certeza Jesus podia aconselhar assim, pois enfrentou até a morte, e morte de cruz, esvaziando-se de si e fazendo-se servo (cf. Ef 2,5-8), sem murmurar, sem revidar, suportando toda aquela humilhação em silêncio. É dele o exemplo de quem, mesmo sendo "Maltratado, [Ele] se submeteu e não abriu a boca! Como cordeiro que é levado ao matadouro" (Is 53,7), permaneceu manso até o fim. Não foi fraqueza, foi fortaleza. Ao cumprir sua missão conquistou todos os reinos da terra e o Reino dos Céus. A mansidão conquista mais territórios que as guerras, conquista o território mais vigiado que existe: o coração das pessoas.

Ser manso é ser gentil, amável, terno, pacífico, pessoa agradável que não altera bruscamente suas emoções por conta de insultos externos. É aquele que, mesmo irritado ou provocado, não deixa crescer dentro de si a raiva ou a violência e sabe o poder que tem uma boa conversa, um bom olhar, um gesto terno, uma palavra afetuosa.

Vivemos em um mundo competitivo, que nos incute o desejo de ser melhor que o outro, de superá-lo, de ter mais espaço que ele e, a partir disso, não vemos mais o outro como irmão, mas como rival. O advento da tecnologia na comunicação fez surgir um novo padrão de agressividade, pois podemos ser rudes e até mesmo despejar nossa ira virtualmente, ofendendo, julgando e difamando os que não pensam como nós. Isso pode ficar ainda pior, pois muitos acham que, por não haver uma agressão física, não há violência. Sob o pretexto de serem sinceras, muitas pessoas egocêntricas, que se sentem donas da razão, acabam por cometer *sincericídio* (cf. IBND, 2020), uma palavra que ainda não aparece oficialmente no dicionário, mas tem sido aplicada com frequência para identificar os que usam a verdade para ferir e constranger. E, que ironia, podemos ser rudes, grosseiros, violentos sem sair de casa e sem nos encontrarmos com pessoa alguma. Como então exercitar a mansidão dentro dessa realidade?

A mansidão, como todas as outras bem-aventuranças, é graça divina e para ser alcançada é necessário nos abrirmos à ação do Espírito Santo. A propósito, São Paulo nos diz que a mansidão é fruto do Espírito, juntamente com outros que lhe são complementares: amor, alegria, paz, paciência, amabilidade, lealdade, autodomínio (cf. Gl 5,22). A mansidão não é covardia, é resiliência que nos faz suportar e superar a adversidade.

O salmo 37 exorta à mansidão com a promessa de possuir a terra: "Confia em Javé e faze o bem, habita na terra e vive tranquilo" (v. 3); "Deixa a ira, abandona o furor, não te irrites: só farias o mal, porque os maus serão extirpados e quem espera em Javé possuirá a terra" (v. 8-9). Essa terra é promessa de Deus para os mansos, uma nova terra para a qual caminhamos e não queremos perder, mas defender: o Reino de Deus. Esse Reino está no meio de nós, disse Jesus (cf. Lc 17,21), por isso os mansos o defendem com os dons que recebem de Deus firmando-se na misericórdia, na fraternidade, na confiança, na esperança; isso é a sua força. A paz que trazem no coração lhes dá essa certeza (cf. FRANCISCO, VATICAN 2020c). O manso coloca a terra do seu coração no coração de Deus, a quem ama e confia, a quem se submete e de quem é herdeiro.

▌PARA PENSAR E PARTILHAR

Em silêncio, leia os versículos 3-5 e pense:
▪ Qual dessas bem-aventuranças você sente mais dificuldade em viver?

Pense e partilhe em um pequeno grupo:
▪ Como viver a mansidão hoje? Como falar sobre mansidão na catequese?

Bem-aventurados os que têm fome e sede de justiça, porque serão saciados (v. 6)

A justiça, nessa bem-aventurança, é tratada como necessidade vital, pois quando não está presente as outras necessidades vitais estão em risco. Portanto, se Jesus a expressou assim, é porque quer nos mostrar que no Reino de Deus não há espaço para a injustiça.

Sempre que falamos sobre justiça nossos pensamentos logo se conectam a outras palavras a ela relacionadas: lei, ética, conduta, punição. Não poderia ser diferente, pois o conceito de justiça pressupõe uma conduta ética, estabelecida a partir de valores que se aplicam a todos. A partir disso, leis são constituídas para garantir que todos tenham acesso a ela. No Antigo Testamento, justiça é o comportamento ordenado por Deus ao seu povo em virtude da Aliança; o povo eleito a exaltava e cantava como uma preciosidade, pois é tão perfeita que conforta a alma, traz sabedoria, alegria, clareza, pureza, porque o Senhor julga com verdade e justiça, igualmente (cf. Sl 19,8-10).

No Novo Testamento a justiça está ligada ao desejo pelo Reino dos Céus e ao amor como base. A lei agora ganha novos padrões, não é alterada, mas Jesus estabelece novos referenciais: "Amarás o Senhor, teu Deus, de todo o teu coração, com toda a tua alma, com todo o teu entendimento e com toda a tua força e amarás teu próximo como a ti mesmo" (cf. Mc 12,30-31); logo, quem ama a Deus não age injustamente nem com ele, nem com o próximo. Também a regra de ouro estabelece uma nova medida para nossas ações: "Tudo, pois, quanto quereis que os outros vos façam, fazei-o, vós também, a eles. Esta é a lei dos profetas" (Mt 7,12). Então, quando Jesus propõe essa bem-aventurança refere-se aos que têm fome e sede de estar em perfeita conformidade com a Santa Lei de Deus, ou seja, com a sua vontade: que a humanidade viva feliz Nele, por Ele e com Ele. Isso significa uma condição que deve se estender a todas as pessoas.

Em outras palavras, a justiça humana deve ser reflexo da justiça divina, que não exclui ninguém. Ser justo é agir de acordo com o direito, a verdade e a equidade, por isso é fundamental que o ser humano observe as questões sociais. Não pode haver justiça somente para uma pessoa ou para um grupo privilegiado de pessoas. É no respeito aos direitos de todos, em especial dos fracos e desprotegidos, que se encontra o fundamento da fraternidade entre os homens. Jesus ainda alerta que a noção de justiça deve ir além da lei meramente escrita, caso contrário o Reino não pode ser alcançado (cf. Mt 5, 20).

Quem ama a Deus é justo e a justiça não é algo que se pode ter parcialmente: ou se é justo ou injusto. É nesse caminho, onde seguem os famintos e sedentos por justiça, que todo cristão deve andar, pois foi isso que Jesus Cristo ensinou e desejou daqueles que o seguem.

Bem-aventurados os misericordiosos, porque alcançarão a misericórdia (v. 7)

Os misericordiosos são os que se deixam mover pela compaixão e os que têm a imensa capacidade de perdoar; por isso essa bem-aventurança está fundamentada na reciprocidade: quem é misericordioso alcança a misericórdia. O Papa Francisco exorta que quem doa e perdoa tenta reproduzir na própria vida "um pequeno reflexo da perfeição de Deus que dá e perdoa superabundantemente" (GeE n. 81). Então, vejamos os dois aspectos da misericórdia que nos convidam à perfeição.

A misericórdia pode ser explicada como a capacidade de demonstrar amor para com aqueles que se encontram em situações de dificuldades e sofrimentos, em desolação, significando assim a compaixão. A pessoa misericordiosa consegue, num gesto amoroso, colocar-se no lugar de quem sofre, no lugar do outro; ou seja, a misericórdia nos afasta do egoísmo e do individualismo e nos faz colocar toda a nossa atenção na necessidade do outro.

Na parábola do bom samaritano percebemos que o sentimento de compaixão para com o homem agredido gera uma ação misericordiosa da parte do samaritano, que "chegou perto dele e, ao vê-lo, moveu-se de compaixão. Aproximou-se dele e tratou-lhe as feridas" (Lc 10,33-34). Trata-se de um sentimento bom, que gera uma atitude de generosidade. Esse movimento do samaritano é necessário para quem quer experimentar a misericórdia. Vejamos:

- CHEGAR PERTO E VER para que a condição de abandono e sofrimento (material ou espiritual) em que o outro se encontra possa sensibilizar. Em um mundo onde as pessoas são convidadas a não se envolverem com os problemas alheios é necessário chegar perto, e, principalmente, ver a condição do outro. O sacerdote e o levita chegaram perto, mas não puderam ver, não foram capazes de se colocarem no lugar daquele irmão, por isso distanciaram-se ainda mais. No lugar da compaixão se destacou o medo, a desconfiança, a arrogância, as desculpas que provavelmente usaram para justificar a indiferença – está embriagado, drogado, está assim porque quis.

- APROXIMAR-SE E CUIDAR, ou seja, agir para que aquela situação de abandono e sofrimento seja curada e transformada em vida plena. É difícil curar feridas e cuidar sem se aproximar, sem se envolver. No gesto do samaritano, seu envolvimento vai além de um simples socorro, pois ele dedicou seu tempo e seu esforço físico (carregou um homem ferido para colocá-lo em seu animal), empregou seu dinheiro e, talvez o mais importante, comprometeu-se em voltar para ver como o seu próximo estava. Não foi um simples assistencialismo e sim uma ação transformadora, o testemunho do que é agir com misericórdia. O outro aspecto da misericórdia é o perdão, esse ainda mais ligado à reciprocidade. Na oração do Pai-nosso, ensinada a nós pelo próprio Cristo, pedimos que nossos pecados sejam perdoados assim como perdoamos a quem nos ofende. A palavra empregada para pecado é dívida e parece bastante apropriada, pois desde o pecado de Adão somos devedores ao Senhor. Por mais que nos esforcemos, acabamos por aumentar nosso saldo devedor. Mas Jesus, com sua imensa misericórdia, entregou-se por causa de nossas transgressões e ressuscitou para a nossa justificação (cf. Rm 4,25); isso é amor que vai muito além de qualquer medida. Talvez, por isso, a recomendação que Jesus nos dá é que a mesma medida que usarmos para julgar os outros será usada conosco (cf. Mt 7,2) e que devemos seguir a meta de sermos misericordiosos como o Pai é misericordioso (Lc 6,36).

Perdoar é uma tarefa difícil para o ser humano; por isso para alcançar a bem-aventurança da misericórdia dependemos da graça de Deus que, ao longo das Escrituras, se revela com misericórdia, ternura e compaixão, que constatamos em algumas situações descritas por Jesus: no coração que espera incansavelmente pelo filho que partiu e o toma nos braços quando volta; no coração que vai em busca da ovelha que se perdeu e chama os amigos para festejar porque a reencontra (Lc 15); no coração que se entrega na cruz para que a humanidade seja redimida.

Sobre a misericórdia de Deus é interessante ter em mente o que disse o Papa Francisco (2020c):

> A misericórdia de Deus é a nossa libertação e a nossa felicidade. Vivemos de misericórdia e não nos podemos dar ao luxo de viver sem misericórdia: é o ar que se deve respirar! Somos demasiado pobres para estabelecer as condições, temos necessidade de perdoar, porque precisamos de ser perdoados.

PARA PENSAR E PARTILHAR

▪ Para você, como o mundo entende a justiça?
▪ Que exemplos dessa compreensão você conhece?

Leia mais uma vez as palavras do Papa Francisco sobre a misericórdia; reflita sobre elas e partilhe suas percepções no grupo.

Bem-aventurados os puros de coração, porque verão a Deus (v. 8)

Pureza de coração, nessa bem-aventurança, significa obediência absoluta a Deus, afastando-se de todo pecado, ou condição daqueles que, com sinceridade, conduzem suas vidas segundo o coração de Deus. Para os judeus, o coração não é um simples órgão interno, mas o centro do querer, do pensar e do sentir. Então, os puros são os que desejam a Deus no íntimo de seu ser, pensam e sentem Deus em profundidade – e, muito além disso, os que desejam, sentem e pensam como Deus.

Pessoas assim veem com os olhos do coração, por isso conseguem enxergar o interior do outro, ver suas fragilidades, medos e virtudes e são capazes de compreendê-los. É interessante perceber como o olhar dessas pessoas transmite pureza. Elas são transparentes, seguras, sinceras e não têm receio de olhar para o irmão de modo que ele se sinta acolhido e amado. Elas procuram ver como Jesus, pois o olhar de Jesus tem o poder de amar e revelar o coração do Pai.

Se observarmos bem, podemos perceber que todas as bem-aventuranças são ligadas entre si e uma vai conduzindo à outra. Entretanto, quando chegamos na pureza de coração, parece que todas se unem em uma só. Para ser puro é preciso ter um espírito carente de Deus, acima de tudo, chorar para compreender o sofrimento causado pelo pecado, ter mansidão para herdar a terra sagrada do coração do irmão, ser sedento e faminto da justiça de Deus para que ela se estenda a toda humanidade, ser misericordioso para reconhecer o sentimento das pessoas e aceitá-las nas suas misérias.

O salmo 51 (50) nos ajuda a pedir que o Senhor crie em nós um coração puro e nos conceda um espírito decidido, porque não alcançamos essa graça por nós mesmos. O poder de transformar e purificar o coração vem de Deus, que nos criou e não se cansa de cuidar de cada um de nós e nos purificar, mesmo diante de nossas falhas, como nos diz o profeta Ezequiel:

> Aspergirei sobre vós água pura e sereis purificados. Eu vos purificarei de todas as impurezas e de todos os ídolos. Eu vos darei um coração novo e porei em vós um espírito novo. Tirarei de vosso corpo o coração de pedra e vos darei um coração de carne. Porei em vós o meu espírito e farei com que andeis segundo as minhas leis e cuideis de observar os meus preceitos. Habitareis na terra que dei a vossos pais. Sereis o meu povo e eu serei o vosso Deus (Ez 36,25-28).

Os puros de coração verão *a Deus* como recompensa e isso não é somente uma promessa futura pela qual anseiam os cristãos, mas trata-se de uma visão de Deus no hoje de suas vidas. Porém, para que isso aconteça, é preciso sair de si mesmo e dar lugar a Deus, libertando-se de enganos, (cf. FRANCISCO, 2020a), é preciso pensar e ser semelhante a Deus, viver em sua presença para aprender a renunciar a tudo o que é mau e engana o coração.

Quando alguém contempla a Deus aprende a olhar para as pessoas sem nenhuma pretensão e sem julgamentos, sendo justo. Pessoas assim são capazes de ver um irmão onde a maioria vê homens e mulheres, são capazes de ver um ser humano com dignidade onde a maioria vê um marginal. O coração puro não hesita em aproximar-se dos que mais necessitam (excluídos, rotulados, pecadores...), porque isso alegra o próprio coração e é preceito divino. Em um coração que vê a Deus não há preconceito, não há medo de envolver-se, não há rancor, não há interesses. Na vida de alguém com um coração assim abundam os frutos do Espírito: amor, alegria, paz, bondade, fidelidade, mansidão, autodomínio, amabilidade, humildade (cf. Gl 5,22).

Um coração puro enxerga Deus no irmão e reconhece que, se quer agradar a Deus, precisa amar o irmão, pois quem não ama seu irmão, a quem vê, não será capaz de amar a Deus. A visão de Deus nos é dada porque, cada vez mais, buscamos olhar o mundo e as pessoas orientados pelos seus ensinamentos, pela sua mensagem de amor. É necessário, então, cuidar para não observar o mundo somente com a razão, mas com sensibilidade. Desse modo, é possível conhecer a Deus para um dia comtemplá-lo face a face.

Bem-aventurados os que promovem a paz, porque serão chamados filhos de Deus (v. 9)

Serão chamados filhos de Deus todos aqueles que, pelo sacrifício de Jesus na cruz, foram redimidos de seus pecados e, por isso, tornam-se comunicadores de sua mensagem com seus atos e sua conduta. Eles são pacificadores, na palavra e no exemplo, pois amam a Deus, amam o próximo e amam até os inimigos. Essas pessoas são promotoras da paz e da harmonia por onde quer que andem.

Se pararmos poucos instantes para refletir, somos capazes de pensar que faltam pessoas assim, porque o mundo está repleto de conflitos. Mas o que gera esses conflitos que, por vezes, resultam em guerras? Muitas são as respostas a essa pergunta, o que nos leva a reconhecer aquilo que nos sinalizou o Papa Francisco, em sua Carta Encíclica Fratelli Tutti (2020b), n. 256: "O mundo encontra cada vez mais dificuldades no lento caminho da paz que empreendeu e começava a dar frutos".

Com essas palavras o Papa Francisco retrata um cenário de retrocesso no caminho da paz, pois no mundo há guerras motivadas por diversas razões (religiosas, conquistas de territórios, poder, econômicas...), como também existem pessoas que, apegadas às próprias ideias e preferências, desprezam e agridem, especialmente nas redes sociais, a quem se posiciona contrário, não compartilhando as mesmas ideias e preferências. Isso gera ausência do respeito e da paz.

É preciso cultivar a paz e, para isso, necessitamos de pacificadores, ou seja, de pessoas que a promovam e colaborem para que ela aconteça nas diferentes esferas. Os pacificadores são os construtores de pontes que aproximam pessoas; são os promotores do diálogo e da fraternidade; são aqueles que cultivam bons sentimentos e lutam contra o mal de qualquer natureza. A esses interessa mais reconciliar, mediar, abrandar, pois a sua fortaleza vem do Senhor, o Deus da paz (cf. 1Cor 14,33). Pacificadores deixam-se guiar por Deus para que possam conviver em paz com todas as pessoas, por isso configuram suas vidas ao *Príncipe da Paz* (cf. Rm 8, 29; Is 9,5).

A bem-aventurança dos pacificadores é serem "chamados de filhos de Deus. E que honra imensa há nisso, como esse título – filhos de Deus – eleva a dignidade da pessoa, tornando-a colaboradora direta no projeto de paz proposto por Deus, ou seja, atuante para tirar o mal dos corações humanos enchendo-os de tudo o que é nobre e bom (cf. Fl 4,8). É como o pai que repassa ao filho seu ofício ou o empreendimento da família e vê seu nome ser enaltecido pelos valores que a ele repassou.

A paz é uma realidade a ser construída por todos os filhos de Deus para que assim sejam reconhecidos. Para isso, precisam agir para promovê-la em todas as esferas sociais, pois não há paz onde faltam dignidade, direitos e respeito pelo diferente. Não há paz onde permanecem o preconceito, a intolerância, a prepotência e o desejo de possuir mais. Promotores da paz se desinstalam desenvolvendo atitudes de solidariedade que transformam a vida das pessoas. Pacificadores compreendem que a tão sonhada paz só poderá acontecer se ouvirem e obedecerem a voz do Senhor.

PARA PENSAR E PARTILHAR

Reflita com o seu grupo de catequistas sobre o sentido da pureza de coração.
- Como falar na catequese, especialmente com crianças e adolescentes, sobre um coração puro?

Bem-aventurados os que são perseguidos por causa da justiça, porque deles é o Reino dos Céus (v.10)

Os que são perseguidos por causa da justiça são aqueles que a perseguem e buscam obedecer à vontade de Deus e participar no seu Reino. Note-se que o Reino dos Céus é para os perseguidos, por causa Dele, porque vem do próprio Jesus a recomendação: "Buscai, em primeiro lugar, o Reino de Deus e sua Justiça" (Mt 6,33).

A perseguição mencionada nessa bem-aventurança tem uma relação muito próxima com a fé e a religião e não somente com causas sociais, econômicas ou políticas. Essa perseguição tem como alvo os que são como são por causa de Jesus. Paulo diz que "o justo vive pela fé e persevera na fé para perseverar na vida" (Hb 10,38), por isso os justos são capazes de enfrentar as adversidades que lhes são impostas.

É interessante observar os outros envolvidos nessa situação: os perseguidores. Eles não suportam a ideia de que os que fazem tudo por causa da fé sejam considerados justos. O bem que esses fazem os incomoda, por isso querem que simplesmente desapareçam e que suas ações não sejam notadas. Talvez isso aconteça porque a convicção do justo faz com que o injusto tenha que olhar sempre para a sua conduta e tentar se convencer de que aquilo que faz é correto. Os que combatem os filhos de Deus procuram prová-los com afirmações, tais como "é bobagem agir corretamente e não aproveitar a vida" ou "ser honesto não leva ninguém ao sucesso", e tratá-los com humilhação diante de suas convicções ou do seu sofrimento.

Jesus foi perseguido por muitos que, apesar de terem visto os seus sinais, não reconheciam a importância das exigências do Reino. O que todos esses perseguidores tinham em comum? Com certeza o medo de que as palavras de Jesus tornassem pública a hipocrisia de suas atitudes, medo de que todos percebessem que a liderança que tinham não era merecida, mas imposta pela força opressora de regras que não funcionavam mais. Jesus também sentiu medo diante do que teria que enfrentar e seu medo o fez pedir ao Pai que afastasse o cálice do sofrimento (cf. Mt 26,39). Entretanto, Ele perseverou em oração ao Pai e é dele que veio toda a fortaleza que redimiu a humanidade. É da fé no Deus trino que vem a fortaleza dos que são perseguidos por causa da justiça e, por isso é deles o Reino dos Céus.

Pedro, em sua primeira carta, menciona as perseguições sofridas pelos cristãos por causa de Cristo. Ele diz que não é preciso aceitar o sofrimento com conformismo, mas aceitá-lo como resistência diante da opressão da perseguição (cf. 1Pd 3,13-17). A fortaleza dos perseguidos está na esperança que os faz resistir diante da tentação de ser como os opressores, pois sabem em quem depositaram sua confiança (cf. 2Tm 1,12).

Complementando a bem-aventurança aos perseguidos, Jesus recorda o sofrimento pelo qual passaram os profetas e os justos do Antigo Testamento e, indiretamente, aponta para a perseguição que já sofre por ser fiel ao Pai. A expressão que usa é "alegrai-vos e exultai", ou seja, fiquem extremamente alegres. Essa alegria da qual fala não é uma expressão externa, mas a alegria que faz dançar e cantar a alma, que faz o justo dormir tranquilo e esperar pelo que mais importa, o Reino de Deus e a sua justiça. Na tribulação poderemos contar com a presença de Cristo e a força do Espírito Santo que nos ampara e nos ajuda a seguir em frente. Para isso, é fundamental que a santidade seja buscada observando cada bem-aventurança, porque são elas que nos identificam com Cristo e não com os valores do mundo (cf. FRANCISCO, 2020c).

PARA PENSAR E PARTILHAR

Jesus ao enunciar as bem-aventuranças fala no plural. Com isso, ele nos diz que a felicidade de cada pessoa está intimamente relacionada à felicidade daqueles com quem convivemos.

Com seu grupo, partilhe sua compreensão e seus sentimentos sobre isso.

2.2. O Sermão da Planície: as bem-aventuranças em Lucas

Para que possamos compreender melhor as semelhanças e diferenças nesse belo testamento do bem viver deixado por Jesus, precisamos olhar primeiro para a intenção de Lucas ao escrever seu Evangelho. Ele é um habilidoso autor que constrói, a partir de Marcos e Mateus, a sua narrativa de modo que ao fazermos a leitura de seu texto, temos a impressão de estarmos lendo os outros dois. Podemos dizer que sua escrita tem um caráter de universalidade da salvação e seu texto uma influência paulina muito grande, visto que, como Paulo, escreve não somente para os judeus, mas para todos os povos; por exemplo, a genealogia de Jesus narrada por Mateus vai de Abraão, que é o pai do povo eleito, até Jesus; já em Lucas começa em Jesus e vai até Adão, pai de toda humanidade e filho de Deus, colocando aí a ideia de que todos somos filhos do mesmo Pai (cf. Mt 1,1-16; Lc 3,23-38).

Outro acento marcante em Lucas é a forma como ele trata o tema da misericórdia e da compaixão em Jesus, abordando tanto o sentido de amor estável e comprometido, como o de um pai para com o seu filho (cf. Lc 15,11-32), como o amor apaixonado, aquele que vem das entranhas, exemplificado na compaixão que Jesus sentiu pela dor da viúva de Naim quando perdeu seu único filho (cf. Lc 7,11-17) ou no amor que se estende até o mísero malfeitor, que reconhece Jesus como rei quando está ao seu lado na cruz. O Mestre não se importa com os pecados do malfeitor, mas com sua conversão e anuncia a recompensa: "em verdade eu te digo, hoje estarás comigo no paraíso" (Lc 23,43). O convertido é aquele que aceita o amor misericordioso de Jesus e transforma sua vida, mesmo que seja no seu último momento. O amor de Jesus, para Lucas, é um amor operativo que transforma a existência e faz desejar o Reino mais que tudo.

Para Lucas, também importa o momento presente, o "hoje" que Jesus expressou várias vezes: "Hoje se cumpriu esta Palavra das Escrituras"; "hoje chegou a salvação a esta casa" (Lc 4,21; 19,9); isso ajuda a compreender que a felicidade apresentada no sermão da planície tem recompensa e consequência imediatas: "Bem-aventurados vós, os pobres, porque vosso é o Reino de Deus"; "Mas ai de vós, ricos, pois já tendes vossa recompensa" (Lc 6,20.24).

Lucas apresenta uma outra peculiaridade em sua narrativa quando mostra Jesus em oração nos grandes acontecimentos que envolveram sua vida. Assim, podemos concluir que o que Jesus proclama nas bem-aventuranças provém de sua intimidade com o Pai e o Espírito Santo. O convite que faz à santidade é inspirado pelo Pai, que é Santo, e pelo Espírito que santifica. Jesus se inspira no coração do Pai para iluminar a realidade em que vivem seus discípulos e o povo que o segue em busca de alento, uma realidade que ele conhece bem, porque viveu entre os homens para revelar Deus e transformá-la a partir da conversão dos corações humanos.

Na narrativa lucana, Jesus desce do monte seguido pelos discípulos e vai para um lugar plano, onde se encontra numerosa multidão vinda de vários lugares. Descer a montanha expressa um sentido missionário, ou seja, é como trazer Deus às multidões, revelando-o como o Senhor do Reino. Mostra, também, o movimento de Jesus para que seus exemplos sejam seguidos, primeiramente pelos discípulos e depois por todos que o ouvem. Em intimidade com o Pai, o Filho executa a missão; em intimidade com o Filho, os apóstolos são apresentados à missão; pelo testemunho dos apóstolos, fortalecidos pelo Espírito Santo, em Pentecostes, as multidões precisam assumir a missão do anúncio do Reino.

Lucas apresenta quatro bem-aventuranças, que correspondem as oito de Mateus e acrescenta-lhes quatro sinais de alerta dirigidos aos que vivem um espírito contrário ao das bem-aventuranças. Além disso, ele enfatiza o aspecto material do sofrimento: ser pobre, ter fome, ter sede, chorar; Mateus, por sua vez, apresenta mais o lado espiritual. Em Lucas é nítida a preferência pelos pobres e pequenos que reconhecem sua dependência de Deus (cf. SILVA, 2019). É um convite ao discipulado que garante a acolhida dos bem-aventurados no Reino de Deus. A pobreza, a fome, a aflição e a perseguição, por causa da justiça, caracterizam a condição na qual vivem os discípulos de Jesus e todos são convocados ao discipulado.

Os "ai de vós" identificam os que não serão abençoados por se oporem à missão de Jesus e perseguirem seus discípulos (e não se entenda que, por isso, são amaldiçoados). Mas referem-se àqueles que se fixam somente nos poderes desse mundo, ignorando os valores do Reino, e, por isso, se distanciam da felicidade que só pode ser encontrada em Deus. Esses pares contraditórios – pobres e ricos, choro e riso, famintos e fartos, perseguidos e aplaudidos, não indicam que Jesus não gosta dos que vivem em boas condições. Indicam, sim, que há entre eles discriminação, desigualdade e exploração quando envolve os aspectos materiais, além da recriminação e preconceito no âmbito espiritual, visto que o sofrimento era entendido como maldição de Deus.

ILUMINAÇAO BÍBLICA – Lc 6,17-26.

Vamos nos aprofundar em cada uma das bem-aventuranças apresentadas no Evangelho de Lucas

Bem-aventurados vós os pobres, pois vosso é o Reino de Deus (Lc 6,20)

Jesus pronuncia as bem-aventuranças olhando especialmente para os discípulos e com isso identifica a esfera social a que pertencem: os pobres. O são também em espírito. A promessa está no presente: "vosso é o Reino de Deus!" e, então, Jesus está dizendo que são felizes desde já.

Bem-aventurados vós que agora passais fome, pois sereis saciados! Bem-aventurados vós que agora estais chorando, porque haveis de rir! (Lc 6,21)

Observa-se que uma parte das frases está no presente e outra no futuro, indicando: o que agora é sofrimento não durará para sempre. Duradouro é o Reino de Deus, no qual, por meio de Jesus, as promessas se cumprem. Os que esperam no Senhor sofrem de uma fome interior intensa que se acaba quando reconhecem Jesus como o Messias. Os famintos choram e lamentam, mas na presença dele a fome passa e o choro se transforma em riso.

Bem-aventurados sereis quando vos odiarem, vos expulsarem e injuriarem, quando banirem o vosso nome como coisa má, por causa do Filho do Homem. Alegrai-vos, nesse dia, e exultai, pois grande é a vossa recompensa no céu. (Lucas 6,23)

Com essas palavras de Jesus, Lucas anima as comunidades do seu tempo que estavam sendo perseguidas. O sofrimento precisa ser visto como fonte de esperança, sinal de que o Reino já é realidade. Também ajuda a compreender os discípulos já configurados ao Mestre, pois são perseguidos e banidos como Ele e quanto mais são perseguidos, mais o seu grupo de seguidores aumenta.

Como em Mateus, essas quatro bem-aventuranças se desdobram e se conectam. São bem-aventurados os que tem fome, choram e são odiados. Só tem fome quem não tem o que comer, portanto, os pobres. A bem-aventurança não é a condição de pobreza, de fome, de perseguição, pois se assim fosse, Jesus teria que pedir que eles continuassem nesse sofrimento, porque perderiam o motivo da felicidade. Anunciar essa bem-aventurança significa dizer que não estão abandonados, sem defesa, pois Deus visitou o seu povo para libertá-lo (cf. SILVA, 2019).

PARA PENSAR E PARTILHAR

Podemos dizer que as bem-aventuranças em Mateus expressam as atitudes que devemos ter diante das situações apontadas em Lucas.

- Pense sobre essa distinção entre os dois textos, reflita e partilhe com os outros catequistas.

Mas ai de vós, ricos, pois já tendes a vossa consolação (Lc 6,24)

Os que procuravam Jesus, com certeza, eram os mais frágeis e necessitados, os que estavam desamparados por todos. Provavelmente não haviam muitos ricos entre os que ouviam o discurso dele. Então porque se dirigir a eles? Lucas sinaliza aqui a evidência forte da discriminação que havia em suas comunidades e que ainda hoje acontece quando se diz que a pobreza é preguiça, é falta de esforço, é falta de sorte, é castigo. Na verdade, a pobreza tem diversas causas e Jesus, ao falar para os ricos, mostra sua preocupação com todos. Jesus quer que os ricos reconheçam que têm as mesmas fragilidades que os mais pobres e lembrem-se de que a felicidade verdadeira está somente em Deus.

Ai de vós que agora estais fartos e que estais rindo, pois passareis fome e haveis de chorar (Lc 6,25)

Com essas palavras talvez Jesus tenha a intenção de fazer pensar na segurança que vem com a fartura e ausência de problemas, causando sofrimento. As bem-aventuranças não sugerem ações aparentes e superficiais que não estão inseridas na realidade da vida, muito menos um conformismo alienante, mas apontam para assumir um "compromisso pessoal com o sofrimento humano, desprendimento, compromisso social, compromisso com a paz, solidariedade e fraternidade" (PAGAN, 2022).

Abraçar o Reino de Deus exige ações concretas que promovem a vida, a liberdade e a equidade. Mais ainda, é fundamental a empatia que ajuda a afastar a indiferença e a autossuficiência. É preciso aprender a chorar, ajudar os mais carentes e buscar viver a santidade, praticando as bem-aventuranças no dia a dia.

Ai de vós quando todos falarem bem de vós, pois assim os pais deles faziam com os falsos profetas (Lc 6,25-26)

Esse alerta de Jesus refere-se aos filhos dos que no passado elogiavam os falsos profetas. Olhando para o contexto vivido por Jesus, observamos que algumas autoridades judaicas usavam o seu prestígio e o seu poder para criticar Jesus e aqueles que gozavam de privilégios junto a essas autoridades não as contrariavam, agindo como aqueles que se apegam aos falsos profetas de agora, que nada mais fazem do que manipular as pessoas para obter o controle de fatos e situações que atendam seus próprios interesses. Para esses, há quem os elogie e siga para obter privilégios em detrimento dos simples e leais, que estão sempre por perto dispostos a servir. O recado de Jesus está claro: o verdadeiro apreço e reconhecimento é o que o próprio Deus concede ao coração que o ama e adora em espírito e verdade (cf. Jo 4,23).

Bem-aventurados os que buscam o teu Reino, Senhor!

O anseio por felicidade está gravado no coração de cada ser humano, porque esse coração foi gestado no coração de Deus, de onde só pode sair amor. Na obra *Confissões* (2003, p. 23), de Santo Agostinho, lemos "[...] nos criastes para Vós e o nosso coração vive inquieto, enquanto não repousar em Vós", por isso, Jesus vem nos revelar o caminho que nos faz repousar em Deus: as Bem-aventuranças. Vivê-las é ser feliz, aqui e agora. É certo que isso contraria nossos desejos humanos e a cultura desta sociedade do consumo em que vivemos.

PARA PENSAR E PARTILHAR

- Você reconhece as bem-aventuranças como o pilar da espiritualidade do catequista?
- E agora, se lhe perguntassem: você sabe as bem-aventuranças de cor? Qual seria a sua resposta?

TRANSFORMANDO EM ORAÇÃO

Concluído o estudo sobre as bem-aventuranças faça silêncio, respirando suavemente e procure entregar-se à presença de Deus.

- Com devoção, trace sobre você o sinal da Cruz.
- Como oração preparatória, peça a Deus a graça de reconhecer o que lhe falta para viver plenamente as bem-aventuranças.
- Com a Bíblia nas mãos, leia cada uma das bem-aventuranças, refletindo como as tem vivido. Ao perceber uma dificuldade, não avance na leitura, dedique o tempo necessário procurando identificar o que o impede de viver essa bem-aventurança.

Encerrar este momento pedindo ao Espírito Santo que nos ajude a ter um coração aberto para Deus, que nunca nos desampara para sermos bem-aventurados.

> *Bem-aventurados todos os santos e mártires que não se curvaram diante das perseguições, e já participam da vida bem-aventurada de Deus e podem comtemplar a sua face. Bem-aventurados os que buscam a santidade e mantêm firme a sua fé e sua esperança. Bem-aventurada é Maria, cuja alma engrandece e se alegra no Senhor, a quem todas as gerações aclamam e veneram como Mãe, em quem o Senhor fez maravilhas para que seu nome fosse santificado (cf. Lc 1,46-49).*

O CATEQUISTA EDUCA PARA DIALOGAR COM DEUS

Flávia Carla Nascimento

"Eles eram perseverantes em ouvir o ensinamento dos apóstolos, na comunhão fraterna, na fração do pão e nas orações".
(At 2,42)

RECURSOS

Papel kraft ou similar e pincel atômico. Selecionar uma música adequada para o momento da Leitura Orante.

AMBIENTAÇÃO

Preparar uma mesa com a Bíblia, uma vela grande, um vaso de flores em destaque e dois cartazes: em um deles escrever a palavra oração e no outro escrever a palavra serviço.

INTRODUÇÃO

O pedido dos discípulos a Jesus – "Senhor, ensina-nos a rezar" – deve ser também o pedido de todo catequista, pois é na oração que a nossa vida e a nossa missão adquirem a força e a vitalidade.

Para compreender o que isso significa é preciso relembrar que foi Deus, em seu infinito amor pelo ser humano, que colocou em nossos corações o desejo de nos relacionarmos com ele. Para isso ocorrer, a oração é um dos meios para mantermos uma relação amorosa com o Senhor. Além disso, é preciso compreender que a oração é sempre um dom de Deus: é ele que vem ao encontro do ser humano e se deixa encontrar, possibilitando que se estabeleça uma relação pessoal e íntima de filhos com o Pai, infinitamente bom, com o seu Filho Jesus Cristo e com o Espírito Santo, que habita no seu coração. É sempre Deus que, primeiro e incessantemente, atrai cada pessoa para o encontro misterioso com ele pela oração.

No Antigo Testamento é possível identificar o caminho de oração que o povo foi percorrendo com Deus. Dentre os muitos exemplos temos Abraão, considerado modelo de oração por ser quem caminhou na presença de Deus, escutou o Senhor e lhe obedeceu, até mesmo nos momentos de provação, como no episódio do sacrifício de Isaac; e Moisés, aquele que conversava com Deus "face a face" e intercedia pelo povo, prefigurando assim a intercessão do único mediador, Cristo Jesus.

Entre os reis destaca-se Davi, o pastor que rezava pelo seu povo, fazendo de sua oração adesão à promessa divina e confiança cheia de amor naquele que é o único Rei e Senhor. Os profetas recebiam da oração luz e força para realizar a missão de anúncio da Palavra de Deus e do chamado do povo à conversão.

Nos Salmos, ápice da oração no Antigo Testamento, a Palavra de Deus tornou-se oração dos homens. Inclusive, no Novo Testamento encontramos relatos do próprio Jesus rezando os Salmos e dando-lhes pleno cumprimento. Em Cristo, então, chegamos ao ponto culminante do modelo de oração para todos nós!

No estudo que propomos, queremos convidá-lo a refletir sobre a experiência de oração, pois certamente o Ministério de Catequista alcançará maior profundidade se for vivido em um clima de oração, meio para cultivar a sua fé e diálogo com o Senhor.

1

JESUS E A ORAÇÃO

Os evangelhos apresentam, muitas vezes, Jesus em oração. Apesar da urgência da missão e de tantas pessoas que o procuravam, Jesus sentia a necessidade de se afastar e ficar só para rezar, tanto antes dos momentos decisivos da sua missão quanto da missão dos Apóstolos. Podemos dizer que toda a sua vida foi marcada pela experiência de oração, manifestando uma comunhão constante de amor com o Pai.

A oração de Jesus pareceu sempre governar suas ações, especialmente em situações de extrema dificuldade, como durante a agonia no Jardim de Getsemani e nas suas últimas palavras na cruz. Nessas ocasiões, é possível reconhecer a profundidade da sua oração filial. Em atitude de sintonia e profunda obediência ao Pai, fortalecido pela oração, Jesus conduz à realização o desígnio de amor da Trindade, tomando sobre si todas as angústias da humanidade, abraçando a cruz e vencendo a morte pela ressurreição.

Mas se nos perguntarmos quem teria ensinado Jesus a rezar teremos uma resposta ampla. Segundo o seu coração de homem, provavelmente Jesus aprendeu a rezar com sua Mãe e com a tradição judaica. Mas a sua oração brota de uma fonte secreta, porque ele é o Filho eterno de Deus que, na sua santa humanidade, dirige a seu Pai a oração filial perfeita (cf. CIgC, n. 2599).

Quanto a Maria, além de certamente ter ensinado Jesus a rezar, também ela é um modelo de oração para nós. Desde seu *fiat* generoso diante da apresentação do projeto de Deus para a Encarnação do Verbo, por meio do Anjo Gabriel na anunciação, passando pelo *Magnificat (*cf. Lc 1,46-55), cântico de ação de graças que se elevou do coração da humilde serva do Senhor para louvá-lo pelo cumprimento de suas promessas, até a intercessão em Caná da Galileia (cf. Jo 2,1-11), abrindo os sinais de Jesus, Maria foi exemplo de mulher orante. Dela temos que aprender a cada dia a "fazer tudo o que Jesus nos disser" (cf. Jo 2,5). E sobre oração Ele disse muita coisa.

Jesus nos ensinou a rezar apresentando as disposições requeridas para uma verdadeira oração:

- a pureza do coração que procura o Reino e perdoa aos inimigos;
- a confiança audaz e filial, que se estende para além do que sentimos e compreendemos;

- a vigilância, que protege o discípulo da tentação;
- a oração em seu Nome, Ele que é nosso Mediador junto do Pai;
- a oração discreta, sem a busca por reconhecimentos e aplausos;
- a oração humilde daquele que sabe ser pecador diante de Deus e não julga o próximo;
- a oração perseverante de quem sabe que, se pedir ao Pai, a porta será aberta.

ILUMINAÇÃO BÍBLICA – Mc 1,35-45.

PARA PENSAR E PARTILHAR

Ler os seguintes versículos, em silêncio, buscando as palavras-chaves que identifiquem a relação entre oração e missão de Jesus.

- Mc 1, 35
- Mc 1, 37
- Mc 1, 38
- Mc 1,40
- Mc 1, 43-44
- Mc 1, 45

A partir do texto bíblico de Mc 1,35-45 e dos versículos indicados, escrever um pequeno texto sobre a importância da oração e da ação na vida do catequista, partindo do exemplo deixado por Jesus.

- Partilhar com o grupo algo que considere ser um destaque no seu texto sobre a importância da oração na vida do catequista. Enquanto os destaques estiverem sendo apresentados, alguém do grupo os escreve no papel disponível.

TRANSFORMANDO EM ORAÇÃO

- Formar um círculo ao redor do papel no qual estão escritos os principais destaques sobre a importância da oração na vida do catequista. Cada participante deverá ler os destaques e refletir sobre eles.
- Em seguida, transformar cada um dos pontos destacados em uma prece ao Senhor. Após cada prece, a resposta será: *Senhor, ensina-nos a rezar.*
- Finalizar o momento de oração com um canto.

A ORAÇÃO NO TEMPO DA IGREJA 2

Após a vinda do Espírito Santo em Pentecostes, a comunidade cristã primitiva é apresentada no livro dos Atos dos Apóstolos como uma comunidade orante: "Eles eram perseverantes em ouvir o ensinamento dos apóstolos, na comunhão fraterna, na fração do pão e nas orações" (At 2,42).

O Espírito Santo foi o grande Mestre interior da oração cristã, formando a Igreja para a vida de oração por meio de uma Tradição que ensinou, e continua ensinando, os filhos de Deus a orar e a buscar constantemente as grandes fontes da oração cristã. Essas fontes são a Palavra de Deus, a Liturgia, que anuncia, atualiza e comunica o mistério da salvação; as virtudes teologais – fé, esperança e caridade – e o hoje da nossa vida, ou seja, as situações cotidianas nas quais Deus se deixa encontrar.

Fundamentados nessas fontes, os cristãos rezam recorrendo a algumas formas essenciais – a bênção e a adoração, a oração de súplica e a intercessão, a ação de graças e o louvor. É importante destacar que a Eucaristia contém e exprime todas as formas de oração. Vamos rever brevemente cada uma dessas formas da oração cristã:

- A **bênção** é a nossa resposta aos dons de Deus. Nós bendizemos a Deus, que primeiramente nos abençoa e nos cumula dos seus dons.
- A **adoração** é a prostração de quem que se reconhece criatura diante do seu Criador.
- A **súplica** pode ser um pedido humilde e confiante em relação a todas as nossas necessidades espirituais ou materiais, ou pode ser um pedido de perdão. Mas a primeira coisa que devemos suplicar ao Senhor é a vinda do Reino.
- A **intercessão** consiste em pedir em favor do outro, inclusive dos inimigos. Essa forma de oração nos une à oração de Jesus que intercede junto do Pai por todos os homens, em especial pelos pecadores.
- A **ação de graças** é o reconhecimento de que todos os acontecimentos são motivo de ação de graças, por isso a Igreja dá graças a Deus incessantemente, sobretudo ao celebrar a Eucaristia, na qual Cristo a faz participar na sua ação de graças ao Pai.
- O **louvor** é a forma de oração desinteressada, na qual reconhecemos que Deus é Deus, cantamos e glorificamos a Ele por ser quem é.

Em todas essas formas de oração, o Espírito Santo, nosso Mestre interior, nos conduz por um único caminho, Cristo. A humanidade de Jesus é o único caminho pelo qual o Espírito nos ensina a rezar a Deus, nosso Pai. Além disso, pela cooperação singular de Maria com o Espírito Santo, a Igreja reza a Maria e com Maria, a Orante Perfeita. Também os Santos são para nós modelos de oração. A eles e a Maria pedimos a intercessão, junto da Santíssima Trindade, por nós e pelo mundo inteiro.

Animados por tantos modelos de oração, o catequista precisa colocar-se constantemente nessa vida de intimidade com o Senhor, de contemplação de seu rosto, para levar a outros essa experiência de diálogo fecundo com Deus. A oração vivifica a missão do catequista e o capacita para ajudar seus catequizandos a também entrarem nessa dinâmica de sintonia com Deus.

Dentre tantos aspectos fundamentais para a vida de oração do catequista, dois merecem destaque. O primeiro é a Leitura Orante da Palavra de Deus, meio fecundo para o encontro pessoal e vivo com o Senhor. O segundo aspecto é o sacramento da Eucaristia, no encontro comunitário e festivo com o Senhor na celebração do Domingo. Pela prática da Leitura Orante e pela participação assídua na Eucaristia o catequista aprofunda seu diálogo com o Senhor e capacita-se para a missão de anunciar a Boa-nova.

ILUMINAÇÃO BÍBLICA – At 4,23-33.

TRANSFORMANDO EM ORAÇÃO

Propomos uma experiência de Leitura Orante da Palavra com o texto de At 4,23-33. Pode haver uma música instrumental adequada ao momento orante; quem conduz deverá orientar os passos com tranquilidade.

Começar com um momento de pacificação interior, para colocar-se suave e decididamente nas mãos de Deus. Pedir a luz do Espírito Santo para compreender bem a Palavra por ele inspirada (com uma oração ou com um canto). Pedir perdão a Deus por todos os pecados e deixar-se sentir o amor misericordioso do Senhor, apresentando-lhe sua disposição de perdoar.

Primeiro passo da Leitura Orante (Leitura): Ouvir atentamente o texto bíblico, procurando reconhecer "o que a Palavra de Deus diz". Deter-se nas palavras ou frases de maior ressonância e prestar atenção aos personagens e ao contexto no qual se dão os fatos.

Segundo passo da Leitura Orante (Meditação): Ouvir novamente o texto bíblico, procurando perceber "o que a Palavra de Deus diz para você". Buscar entender com o coração o que Deus lhe diz por meio desta Palavra.

Terceiro passo da Leitura Orante (Oração): É a hora de responder a Jesus, momento de mergulhar profundamente no diálogo com o Senhor. "O que quer dizer a Deus?"

Quarto passo da Leitura Orante (Contemplação e compromisso): Ainda nesse diálogo com Deus, acolher na vida a Pessoa de Jesus, deixando-se envolver por seu amor infinito.

Concluída essa experiência de oração, chegou o momento do compromisso com o Senhor, a partir da Palavra rezada, fazendo o propósito de colocar em prática o apelo que Deus fez por meio de sua Palavra.

PARA PENSAR E PARTILHAR

- Formar duplas para conversar sobre a experiência vivida na Leitura Orante.
- Em seguida, aqueles que quiserem poderão partilhar com o grupo suas experiências a partir da seguinte questão: O que podemos aprender com as primeiras comunidades cristãs a respeito da oração?

3   O PAI-NOSSO COMO MODELO DE ORAÇÃO DO CATEQUISTA

Ao observar o Senhor Jesus rezando, os discípulos pediram que ele os ensinasse a rezar. Então Jesus lhes apresentou a *Oração do Pai-nosso*, que é um projeto de vida para os filhos de Deus e o grande modelo de oração do catequista. São Tomás de Aquino nos ensina que é a oração perfeitíssima.

A tradição litúrgica da Igreja sempre usou o texto de São Mateus (Mt 6, 9-13), inserido no Discurso da Montanha (Mt 5-7), para apresentar o Pai-nosso. Podemos dizer que Jesus retoma, sob a forma de oração, o conteúdo essencial do seu Evangelho.

Também chamada *Oração dominical* ou *Oração do Senhor*, porque foi ensinada pelo próprio Jesus, o Pai-nosso é a oração da Igreja por excelência, pela qual Jesus nos coloca diante do rosto do Pai com uma confiança simples e filial, despertando-nos a consciência de que somos filhos no Filho do eterno Pai, que nos ama e sempre nos atende.

Vamos compreender agora cada uma das partes dessa oração, para nos ajudar a refletir sobre como pautar nossa vida e missão na catequese, nesse belíssimo projeto de vida cristã que Jesus nos apresentou.

PAI NOSSO, QUE ESTAIS NOS CÉUS

Iniciamos a oração nos dirigindo ao Pai, porque Jesus, o seu Filho, que se fez carne e veio habitar entre nós, nos revelou o Pai e, porque o Espírito Santo nos faz conhecer o Pai, introduzindo-nos em seu mistério e suscitando em nós o desejo de um comportamento filial.

Ao rezarmos o Pai-nosso adoramos e glorificamos o Pai com o Filho e o Espírito Santo e, também, com toda a Igreja, com a qual dizemos *Pai nosso*, porque somos uma multidão de irmãos, filhos no Filho, que têm "um só coração e uma só alma" (At 4,32). O Pai-nosso é a oração de todos os batizados.

Nessa oração, todos os cristãos são chamados a rezar com e por toda a humanidade, para que todas as pessoas conheçam o único e verdadeiro Deus e sejam reunidas na unidade, naquele que *está nos céus*. A palavra céus não significa um lugar distante. O Pai, em sua majestade e santidade, está nos céus, verdadeira pátria para a qual caminhamos na esperança, enquanto estamos ainda na terra.

Na sequência, na oração do Pai-nosso, expressamos sete pedidos: os três primeiros voltados ao nosso relacionamento com o Pai e os quatro seguintes relacionados à nossa vida com os irmãos, às nossas fragilidades e expectativas, que apresentamos ao Pai com confiança filial, entregando-nos à sua misericórdia. Vejamos cada um destes pedidos.

PRIMEIRO PEDIDO: Santificado seja o vosso nome

Na História da Salvação, Deus manifestou a sua própria santidade revelando seu nome para que seu povo lhe fosse consagrado como uma nação santa, na qual Ele habita. Relembramos aqui o diálogo de Deus com Moisés, no episódio da sarça ardente (cf. Ex 3,13-15). Deus revela seu nome de uma maneira muito especial, não apenas com palavras, mas realizando sua obra. "No entanto, esta obra só se realiza para nós e em nós se seu nome for santificado por nós e em nós" (CIgC, n. 2808).

O pedido "santificado seja o vosso nome", portanto, tem como aspectos fundamentais: um ato de louvor, pelo qual reconhecemos Deus como Santo e fonte de toda santidade; e uma súplica ao Pai para que seu nome seja santificado em cada um de nós, por nossas vidas e ações, manifestando o desejo da santidade e de interagir no mundo como filhos do Pai celeste, permitindo que a consagração batismal fecunde todas as nossas ações. Assim, aqueles que olharem para nosso agir perceberão que ali está um "filho de Deus", que honra com sua vida o nome do Pai do céu.

SEGUNDO PEDIDO: Venha a nós o vosso reino

Esse segundo pedido tem em vista: a vinda final do Reino de Deus quando Cristo retornar na glória, pois esse é o desejo do Espírito e de toda a Igreja que diz: "Vem, Senhor Jesus" (Ap 22,20); e o crescimento do Reino de Deus pelo nosso empenho na busca da justiça e da paz, praticando as bem-aventuranças e nos deixando santificar pelo Espírito Santo.

TERCEIRO PEDIDO: Seja feita a vossa vontade, assim na terra como no céu

A vontade do Pai é que "todos os homens sejam salvos" (1Tm 2,3). Jesus viveu entre os seres humanos para realizar o plano de salvação e cumprir plenamente a vontade do Pai. Por isso, no terceiro pedido do Pai-nosso "rezamos ao nosso Pai para que una a nossa vontade à de seu Filho, a fim de realizar seu plano de salvação na vida do mundo" (CIgC, n. 2860).

O desígnio de benevolência do Pai já está plenamente concretizado no céu e, por isso pedimos que ele se realize também na terra, como já acontece no céu.

A Virgem Maria e os Santos são modelos de pessoas que souberam se associar plenamente a Jesus e fizeram a vontade do Pai, pois cultivaram uma vida de intensa intimidade com Deus. Com eles aprendemos que é somente pela oração que podemos "discernir a vontade de Deus" (Rm 12,2), em cada situação de nosso dia a dia, e obter a "perseverança para a cumprir" (Hb 10,36).

QUARTO PEDIDO: O pão nosso de cada dia nos dai hoje

Também esse pedido apresenta uma dupla dimensão, pois ao pedirmos ao Pai, com confiante abandono filial, o pão nosso de cada dia, estamos pedindo dois tipos de pão: o alimento terrestre necessário à nossa subsistência e o Pão da Vida.

Sobre o alimento cotidiano, o pedido nos remete à necessidade de saber agir com coerência, promover a justiça e a partilha, para que a abundância de uns possa prover as necessidades de outros e para que ninguém fique sem o pão de cada dia.

Em relação ao Pão da Vida, é importante lembrar sempre que "o homem não vive só de pão, mas de toda a palavra que sai da boca de Deus" (Mt 4,4). Portanto, esse pedido refere-se também à necessidade humana da Palavra de Deus para orientar a sua vida e do Corpo de Cristo recebido na Eucaristia, antecipação do Banquete celeste.

QUINTO PEDIDO: Perdoai-nos as nossas ofensas, assim como nós perdoamos a quem nos tem ofendido

No quinto pedido imploramos a misericórdia de Deus para nossas ofensas. Reconhecemos diante Dele que somos pecadores e que cremos em sua misericórdia, que chega até nós em Jesus e pelos sacramentos, pois em Cristo "recebemos a redenção, o perdão dos pecados" (Cl 1,14).

Porém Jesus acrescenta uma condição: a misericórdia de Deus só pode penetrar em nossos corações se soubermos perdoar aos outros, até mesmo aos nossos inimigos, como ele fez e ensinou. O perdão é elemento fundamental para a vida cristã. Embora sozinhos nem sempre sejamos capazes de dar o passo do perdão, temos o auxílio do Espírito Santo que nos impulsiona a viver como Cristo, amando até ao extremo do amor e perdoando a todos. Jesus foi capaz de tornar a ferida em compaixão e transformar a ofensa em intercessão. Com ele e nele também nós conseguiremos pedir perdão e perdoar.

SEXTO PEDIDO: Não nos deixeis cair em tentação

Com esse pedido imploramos ao Pai que não nos permita trilhar o caminho que conduz ao pecado e que não fiquemos sozinhos, à mercê das tentações. Pedimos, ainda, que o Espírito Santo nos ajude a discernir entre a provação, que ajuda a crescer no bem, e a tentação, que conduz ao pecado e à morte.

Além disso, pedimos ao Espírito Santo a fortaleza para não consentirmos com as tentações, quando elas se apresentarem, e nos colocarmos em união com Jesus, buscando na oração a força para vencê-las. Solicitamos também ao Pai a graça da vigilância e da perseverança para nos mantermos no caminho do bem, desejado por Ele para nós.

SÉTIMO PEDIDO: Mas livrai-nos do mal

No último pedido solicitamos "a Deus, com toda a Igreja, que ele manifeste a vitória, já alcançada por Cristo, sobre o 'Príncipe desse mundo', sobre Satanás, o anjo que se opõe a Deus e a seu plano de salvação" (CIgC, n. 2864).

O Mal indica justamente a pessoa de Satanás, que é "o sedutor de toda a terra" (Ap 12,9). A vitória sobre ele já foi alcançada por Cristo, mas nós pedimos para que a família humana seja libertada de Satanás e das suas obras. Pedimos, também, o dom precioso da paz e a graça da esperança perseverante da vinda de Cristo, que nos libertará definitivamente do Maligno.

Com o "*Amém*" final, exprimimos o nosso desejo de "que assim seja" em relação aos sete pedidos da Oração do Pai-nosso.

ILUMINAÇÃO BÍBLICA – Mt 6,9-13.

PARA PENSAR E PARTILHAR

Formar quatro grupos conforme indicado. Cada grupo receberá dois dos pedidos da Oração do Pai-nosso para identificar como estão relacionados e como se complementam. Os grupos deverão reler os textos dos pedidos e escrever as relações encontradas.

Grupo 1 – Descobrir a relação do primeiro pedido (Santificado seja o vosso nome) com o sétimo pedido (mas livrai-nos do mal).

Grupo 2 – Descobrir a relação do segundo pedido (Venha a nós o vosso reino) com o sexto pedido (não nos deixeis cair em tentação).

Grupo 3 – Descobrir a relação do terceiro pedido (Seja feita a vossa vontade assim na terra como no céu) com o quinto pedido (perdoai-nos as nossas ofensas, assim como nós perdoamos a quem nos tem ofendido).

Grupo 4 – Quarto Pedido (O pão nosso de cada dia nos daí hoje). Refletir sobre o significado deste pedido.

Ler os textos a seguir para iluminar a reflexão dos grupos.

Texto 1

Quando dizemos: "Santificado seja o vosso nome", pedimos que possamos viver como filhos de Deus para glorificá-lo com nossa vida. Esse pedido está relacionado com o sétimo, porque, ao dizermos "livrai-nos do mal", pedimos que Deus aumente em nós a resistência contra o mal para que, vivendo como filhos de Deus, possamos dar-lhe a glória devida.

Texto 2

Ao dizermos: "venha nós o vosso reino", pedimos que Deus sustente nossas forças para que possamos colaborar com o seu Reino com nossas atitudes. Esse pedido está relacionado com o sexto, porque ao dizermos "não nos deixeis cair em tentação", pedimos que Deus nos dê força e nos afaste das ciladas do mal, que nos desanimam na construção do Seu Reino.

Texto 3

Dizer: "seja feita a vossa vontade", significa que estamos dispostos a ser colaboradores na construção do Projeto de Deus. Esse pedido está relacionado com o quinto, porque ao dizermos "perdoai as nossas ofensas assim como nós perdoamos a quem nos tem ofendido", pedimos que o perdão nos reúna e diminua nossas distâncias para que juntos colaboremos com o Projeto de Deus.

Texto 4

O quarto pedido está localizado no meio da oração para que compreendamos que o Pão da vida, a Eucaristia, é o centro da vida cristã, é dela que emana a força para o serviço dos filhos de Deus.

Concluído o trabalho nos quatro grupos, um representante de cada um deles fará a apresentação da reflexão realizada.

TRANSFORMANDO EM ORAÇÃO

A oração do Pai-nosso une o ato de orar e o agir. Quem assume a catequese precisa incluir essas duas ações em sua prática, colocando-se diante do Senhor em oração e, movido pelos seus efeitos, dispor-se a servir indo ao encontro das pessoas para anunciar a mensagem do Evangelho.

Concluir esse momento rezando o Pai-nosso, lentamente.

A DIMENSÃO SOCIOTRANSFORMADORA DA CATEQUESE

Célio Reginaldo Calicoski

"E eles perguntarão: Senhor, quando foi que te vimos faminto ou sedento, peregrino ou enfermo ou na cadeia e não te servimos? E ele lhes responderá: 'Eu vos garanto: quando deixaste de fazer isso a um desses pequeninos, foi a mim que não o fizeste'".
(Mt 25,44-45)

RECURSOS

Bíblia, vaso com flor natural, uma imagem de São Francisco de Assis, um crucifixo, alimentos não perecíveis trazidos pelos catequistas.

AMBIENTAÇÃO

Uma mesa com a Bíblia, o vaso com flor natural, a imagem de São Francisco de Assis e o crucifixo, em volta da mesa colocar um tecido para serem colocados os alimentos que os catequistas trouxeram.

INTRODUÇÃO

A catequese é a dimensão eclesial que se ocupa da transmissão e da educação da fé. Durante muitos séculos foram priorizados a doutrina ou o ensino cristão, muitas vezes recorrendo a uma metodologia nem sempre adequada para promover a vivência e a experiência de fé e de comunidade. Após o Concílio Vaticano II, realizado em quatro sessões entre os anos de 1962 a 1965, houve uma proposta que representou uma evolução significativa sobre diversos temas e promoveu uma transformação na Igreja, ou seja, uma renovação necessária para atender os sinais dos tempos. O Concílio é um marco de transição de época, colocando a Igreja em posição de diálogo com a sociedade moderna, despertando para acompanhar as mudanças socioculturais e responder aos anseios humanos.

Atualmente, muito se fala sobre a necessidade de uma catequese evangelizadora, para isso se fazem necessárias três dimensões: o contato pessoal com Jesus Cristo; a vivência fraterna na família, na comunidade e na vida em geral; e a dimensão sociotransformadora. Essa última contribui para que os catequizandos desenvolvam um olhar global e mais realista do mundo, reconhecendo a necessidade de haver justiça e fraternidade para todos. Sem assumir essa dimensão sociotransformadora não é possível realizar, concretamente, a evangelização de Jesus Cristo, conforme indica claramente o texto do evangelista Mateus (cf. Mt 25,31-46) ao mencionar a prática da justiça e a vivência do amor como condições fundamentais para o cristão.

O documento Catequese Renovada, aprovado na 21ª Assembleia Geral dos Bispos em 15 de abril 1983, ainda como desdobramento do Concílio Vaticano II e da Conferência de Medellin (1968), apresenta um olhar fortemente socioantropológico, voltado para a condição de pobreza e situação política do povo. Além de mencionar as diferentes dimensões da catequese, o documento aborda temas fundamentais para uma catequese renovada; para isso, mostra a situação das pessoas e aponta para os compromissos do cristão, em especial para seu engajamento nos diferentes setores da sociedade, atuando como agente de transformação.

O Diretório Nacional de Catequese (DNC, 2006) apresenta a mesma dimensão antropológica que caracteriza a prática pastoral na América Latina: Jesus e seu amor misericordioso pelos mais pobres e humildes e seu acolhimento as pessoas, preferencialmente pobres, excluídos e pecadores são, sem dúvida, exemplos para a catequese (cf. DNC, n. 141). O DNC destaca as pessoas enfraquecidas e indefesas, a quem Deus dedica cuidado especial. A catequese, portanto, precisa assumir as palavras de Jesus (cf. Mt 25,31-46) e a missão da Igreja, indo ao encontro dos marginalizados pela sociedade, acolhendo com empatia e generosidade pessoas com deficiência e em situação canonicamente irregulares (cf. DNC, n. 209-211).

A proposta para esse estudo é compreender que a catequese, como formadora de discípulos de Jesus, tem também a tarefa de fazer com que os catequizandos entendam sua responsabilidade cristã no mundo e assumam um compromisso ante a realidade em que estão inseridos.

O CRISTÃO LEIGO, SEU LUGAR E SUA MISSÃO NO MUNDO

1

Bem sabemos que a Igreja, povo de Deus, é continuadora da missão de Jesus no mundo. Isso se dá pela participação, pela comunhão e pelo empenho de todos os batizados, pela força do seu Batismo. Os cristãos leigos têm a responsabilidade de tornar presente no mundo a mensagem de vida do Evangelho de Jesus Cristo; cada um, com seu carisma, deve colaborar com a evangelização e ser fermento na comunidade.

E a catequese, como contribui para que os cristãos leigos assumam seu papel na evangelização?

A resposta a essa questão está associada ao processo de realizar a integração entre os elementos da vida e da fé que, em sua complementaridade, formam um todo, bem como a interação entre tais elementos. No entanto, ainda existem dificuldades no processo de desenvolvimento da *integração* e na *interação* fé-vida para que se manifeste no compromisso pela transformação da sociedade. A razão para isso está associada à predominância das dimensões celebrativa e doutrinal e a quase ausência de outras dimensões da fé cristã, nem sempre trazidas para a prática da catequese, de maneira especial aquelas relacionadas à comunidade, à sociedade e à missão.

Entretanto, é importante e necessário ter presente que, em seus espaços de atuação, a catequese deve iniciar os catequizandos em todas as dimensoes da fé: conhecimento, oração, liturgia, sacramentos, moral, comunidade, missão e compromisso social para, assim, formar o discípulo missionário. Em outras palavras, a catequese é chamada a animar crianças, adolescentes, jovens e adultos a se comprometerem com a realidade social, política, econômica e sociocultural na qual estão inseridos, mostrando-se abertos ao diálogo com o outro e com o mundo e defendendo, de forma incisiva, a vida e os direitos humanos, conforme orienta a Doutrina Social da Igreja.

ILUMINAÇÃO BÍBLICA: Mt 25,31-46.

PARA PENSAR E PARTILHAR

▪ Formar três grupos para leitura e partilha dos textos indicados.

Grupo 1: DNC, n. 86-88.
Grupo 2: DNC, n. 89-90.
Grupo 3: DNC, n. 91-92.

▪ Elaborar uma breve síntese da leitura realizada, iluminada pelo texto do Evangelho segundo São Mateus.
▪ Partilhar com todos os participantes a síntese elaborada.

PRÁTICA E PARTILHA NA CATEQUESE

2

A catequese de inspiração catecumenal deve levar a pessoa a olhar o mundo com compaixão, de coração aberto às necessidades do outro. Vivendo a dimensão comunitária, os gestos e palavras entre os cristãos precisam ser transformados em prática e partilha. Essa era a forma de agir de Jesus, que sempre pregava a unidade e a convivência fraterna. E essa prática, a exemplo do Mestre, deve estar na catequese.

Olhando para o agir de Jesus e observando a realidade da sociedade, percebemos uma valorização do individualismo, o que coloca em risco a vida humana. O Papa Francisco, na Carta Encíclica *Laudato Si'* (2015), n. 5, faz um alerta ao escrever:

> [...] a própria vida humana é um dom que deve ser protegido de várias formas de degradação. Toda a pretensão de cuidar e melhorar o mundo requer mudanças profundas "nos estilos de vida, nos modelos de produção e de consumo, nas estruturas consolidadas de poder, que hoje regem as sociedades".

Com essa afirmação, o Papa quis dizer que devemos seguir e ser exemplo de uma vida cristã autêntica, mudando nosso estilo de vida, fazendo ainda com que as estruturas de poder estejam empenhadas na transformação da realidade.

Deus nos fez doadores de dons e cada um deve partilhar a riqueza recebida para melhorar a sociedade, respeitando todos os seres humanos nos seus direitos, deveres e dignidade, convivendo como irmãos. Ao falarmos sobre partilha vem à mente a solidariedade. Essa palavra está sempre na moda, como forma das pessoas aliviarem sua consciência, usando-a para se referirem às pessoas da sociedade que sofrem com a fome, a doença e o abandono nas sarjetas da vida. Mas praticar a solidariedade exige ter clareza de que é preciso ir além de atos de generosidade, conforme afirmação do Papa Francisco (2020e):

> [...] a palavra "solidariedade" significa muito mais do que algumas ações esporádicas de generosidade. É mais! Supõe a criação de uma nova mentalidade que pense em termos de comunidade, de prioridade da vida de todos sobre a apropriação dos bens por parte de alguns (cf. Exortação Apostólica *Evangelii Gaudium*, 188). Isto significa solidariedade.

3 CATEQUESE, INICIAÇÃO À SOLIDARIEDADE

O ser humano, independente da situação em que se encontre, carrega em si a imagem e semelhança de Deus. Em sua dignidade inalienável está aberto à dimensão solidária. Nenhuma pessoa vive para si mesma, mas para os outros; nenhum povo, isoladamente, pode ser autor do desenvolvimento (cf. *Populorum Progressio*, n. 77). Cada homem e cada mulher está intimamente ligado a todos os homens e mulheres e é chamado a construir com eles um mundo verdadeiramente mais humano e fraterno. Mas só se reconhecendo como pessoas criadas pelo mesmo Deus e Pai podem desenvolver a prática da solidariedade.

Existe uma dimensão sociológica na solidariedade, que tem como ponto de partida a consciência de origem e destino comum a todos os seres humanos. A pessoa, então, entende e aceita que o desenvolvimento de cada um está relacionado à colaboração de todos. Isso leva à prática da justiça e a luta pelos direitos humanos igualmente para todos.

A solidariedade tem, também, uma dimensão teológica que se fundamenta na criação do homem e da mulher a imagem de Deus. Homem e mulher são chamados ao diálogo com o Criador e entre si. A verdadeira solidariedade tem por base o fato de que, mesmo com as diferenças existentes, todos são filhos do mesmo Pai e cada um deve ser responsável pelo irmão e não apenas por si mesmo. Nessa perspectiva, ajuda-nos a entender a pergunta que Deus fez a Caim: "Onde está teu irmão Abel?" (Gn 4,9). Essa é também a pergunta que Deus sempre nos faz, interpelando-nos a saber onde e como estão os nossos irmãos. Ele quer que nos preocupemos de fato uns com os outros, que cuidemos uns dos outros como Ele cuida de cada um de nós.

Nessa perspectiva, a solidariedade nos permite ter uma comunidade guiada pela fé, onde tudo que existe deve estar em função da promoção da dignidade do ser humano. Os bens acumulados na terra estão nas mãos de alguns poucos e precisam ser disponibilizados para todos. Pela solidariedade podemos evitar a "síndrome da Torre de Babel", onde impera o desejo de subir cada vez mais alto sem pensar no outro, que também deseja subir. As palavras do Papa Francisco (2020e) nos ajudam a refletir sobre isso:

> Construímos torres e arranha-céus, mas destruímos a comunidade. Unificamos edifícios e línguas, mas mortificamos a riqueza cultural. Queremos ser senhores da Terra, mas arruinamos a biodiversidade e o equilíbrio ecológico.

É urgente e necessário fazer da catequese uma atividade evangélico-transformadora em que a prática e a partilha sejam exemplos corajosos de mudança da realidade da comunidade onde o catequizando e o catequista estão inseridos. As atitudes de Jesus, que influenciaram a mudança da postura do povo de seu tempo, podem servir de inspiração e conduzir a ações evangélico-transformadoras de catequistas e catequizandos baseadas na prática da solidariedade e na partilha.

Para iniciar à solidariedade e à partilha, a catequese não pode se omitir e precisa estar atenta e levar para o seu cotidiano as questões sociais, considerando em seus discursos e ações os seguintes aspectos:

- **Os fundamentos e princípios éticos que regem a vida:** Para isso, é necessário considerar a Bioética voltada para a dignidade da vida humana e pautada por códigos de conduta que não ultrapassem os limites da ética, sem, portanto, alterar a natureza humana ou prejudicar a identidade e a integralidade da pessoa. A Bioética deve estar a serviço da promoção do bem (cf. DC, n. 375).

- **A Integridade da Pessoa:** Diante de Deus todas as pessoas são iguais e criadas à sua imagem e semelhança. Portanto, a dignidade da vida humana deve ser defendida desde a concepção até a morte natural, tendo presente que "A Igreja afirma com clareza que a vida pessoal é sagrada e inviolável" (DC, n. 380). Portanto, deve-se eliminar todo pensamento e atitude em relação à morte que não seja natural e refutar considerar comuns ou normais, em nossa sociedade, os homicídios, a pena de morte entre outros.

- **A Ecologia:** A criação de Deus deve ser uma das preocupações do cristão, fiel ao seu Criador, sendo capaz de refletir e (re)agir em sua relação com o meio ambiente. A nossa casa comum está ameaçada pelo excesso antropocêntrico (o homem como centro de tudo), que resulta em uma crise ecológica que leva à destruição do meio ambiente, "crise que afeta questões que exigem ser tratadas simultaneamente: poluição e mudanças climáticas, uso de recursos primários e perda de biodiversidade, desigualdade planetária, deterioração da qualidade de vida humana e degradação social." (DC n. 381).

- **A Pobreza:** Cristo veio ao mundo por amor à humanidade e olhou com especial cuidado para os pobres: "Bem-aventurados vós que sois pobres, porque vosso é o Reino de Deus!" (Lc 6,20). O Papa Francisco, em sua Exortação Apostólica *Evangelii Gaudium* (2013) sobre o anúncio do Evangelho no mundo atual, afirmou:

> Cada cristão e cada comunidade são chamados a serem instrumentos de Deus ao serviço da libertação e promoção dos pobres, para que possam integrar-se plenamente na sociedade; isto supõe estar docilmente atentos, para ouvir o clamor do pobre e socorrê-lo. (EG, n. 187).

Essas palavras do pontífice podem e devem ser assumidas com especial atenção pela catequese, para que cumpra sua tarefa na evangelização: priorizando a dignidade e apoiando o crescimento da pessoa humana, promovendo a cultura da fraternidade e mantendo-se atenta às situações de miséria e injustiças.

- **A participação social:** a catequese deve iniciar, também, à participação ativa na sociedade fundamentada nos valores evangélicos: opção pelos pobres, serviço ao próximo, amor aos necessitados. A fé não é ato cômodo ou individualista, e sim comunitário, onde o fiel precisa ir ao encontro dos mais necessitados, como uma verdadeira Igreja em saída. A catequese, em sua tarefa de formar discípulos missionários, orienta para a participação que "comporta sempre um profundo desejo de mudar o mundo, transmitir valores, deixar a terra um pouco melhor depois da nossa passagem por ela" (EG, n. 183).

A solidariedade convida à partilha, que só é possível quando as pessoas se veem como iguais, como são iguais perante Deus. É preciso ter o cuidado de evitar atitudes contrárias aos valores do Evangelho. Em uma perspectiva sinodal, o catequista irá se colocar como um agente transformador, contribuindo para que seus catequizandos sejam participativos e estejam em constante diálogo com o mundo e com sua realidade, em uma autêntica inter-relação da vida e da fé.

PARA PENSAR E PARTILHAR

Formar dois grupos para:

- Ler o texto do evangelista Lucas 16,19-31, sobre a parábola do rico esbanjador e o mendigo Lázaro.
- Refletir e responder à questão proposta à luz do Evangelho.
- Ao final, os dois grupos partilham suas reflexões e ideias.

Grupo 1 – Partilha: Como a sociedade de hoje pensa e vê as necessidades do outro?

Grupo 2 – Mesa: Como a catequese pode transformar a realidade do mundo?

TRANSFORMANDO EM ORAÇÃO

Para concluir o estudo, façam juntos a Oração ao Criador, proposta na Carta Encíclica *Fratelli Tutti* n. 28, sobre a fraternidade e amizade social.

Senhor e Pai da humanidade,
que criastes todos os seres humanos com a mesma dignidade,
infundi nos nossos corações um espírito fraterno.
Inspirai-nos o sonho de um novo encontro, de diálogo, de justiça e de paz.
Estimulai-nos a criar sociedades mais sadias e um mundo mais digno,
sem fome, sem pobreza, sem violência, sem guerras.
Que o nosso coração se abra
a todos os povos e nações da terra,
para reconhecer o bem e a beleza
que semeastes em cada um deles,
para estabelecer laços de unidade, de projetos comuns,
de esperanças compartilhadas. Amém.

O CATEQUISTA DA INSPIRAÇÃO CATECUMENAL

Célio Reginaldo Calikoski

"Naquele mesmo dia, o primeiro da semana, dois dos discípulos iam para um povoado, chamado Emaús, a uns dez quilômetros de Jerusalém. Conversavam sobre todas as coisas que tinham acontecido. Enquanto conversavam e discutiam, o próprio Jesus se aproximou e começou a caminhar com eles".
(Lc 24,13-15)

RECURSOS

Bíblia, vaso com flor natural, um crucifixo, retalhos de pano de diferentes cores (um para cada participante), fio para costura, agulha, canetinhas.

AMBIENTAÇÃO

Preparar uma mesa com a Bíblia, vaso de flor natural e o crucifixo. Colocar sobre a mesa (ou à frente) a frase: O CATEQUISTA E A INSPIRAÇÃO CATECUMENAL.

INTRODUÇÃO

Para compreender o papel do catequista na perspectiva da catequese de inspiração catecumenal é preciso ter um bom entendimento do que é esse modelo de catequese. Por isso, vamos primeiramente recordar alguns elementos importantes a ele relacionados.

Um caminho para aprender a viver conforme a fé cristã: assim podemos descrever a Iniciação à Vida Cristã. Como protagonista nesse caminho, ou seja, no processo que conduz ao Mistério de Cristo, por meio de catequese (ensinamento) e ritos, com a comunidade e na comunidade, a pessoa assume seu papel como verdadeiro cristão na comunidade eclesial e no mundo. Esse modelo de catequese remonta aos primeiros séculos da Igreja, quando aqueles que desejavam tornar-se cristãos faziam a experiência de um verdadeiro encontro com Cristo, percorrendo um itinerário que unia fé, conhecimento, liturgia e a vida, levando a uma transformação radical da pessoa.

Nesse modelo era oferecida às pessoas uma preparação organizada e marcada por tempos e etapas. Os tempos, dedicados à preparação do candidato, eram assim organizados: 1º tempo – Pré-Catecumenato, onde era apresentado o querigma; 2º tempo – Catecumenato, dedicado à catequese; 3º tempo – Purificação e Iluminação, realizado durante a Quaresma, consistindo em uma preparação mais intensiva para a celebração dos sacramentos da Iniciação Cristã; 4º tempo – Mistagogia, realizada no Tempo Pascal para aprofundamento e mergulho no Mistério Pascal, na vida nova em Cristo e na vivência na comunidade cristã. As etapas consistiam em celebrações e ritos: 1ª etapa – Rito de Admissão dos Candidatos ao Catecumenato; 2ª etapa – Ritos e celebrações no tempo do catecumenato: celebrações da Palavra de Deus, exorcismos, bênçãos, entrega do Símbolo, entrega da Oração do Senhor, Celebração da Eleição (Inscrição do nome); 3ª etapa – Celebração dos Sacramentos da Iniciação, realizada na Vigília Pascal.

Esse processo garantia a formação de discípulos do Evangelho, conduzindo-os a participar das celebrações, como também ao engajamento na comunidade eclesial, onde manifestavam e testemunhavam com seu ardor missionário. É importante destacar que tudo isso nos leva a compreender que a Iniciação Cristã é comunicação da experiência de encontro com Cristo, testemunho e anúncio de pessoa a pessoa. Portanto, não se trata de um aprendizado sobre as verdades da fé, mas da comunicação de uma experiência pessoal de fé que deve despertar uma experiência semelhante no catequizando. O Ritual da Iniciação Cristã de Adultos (RICA) apresenta o conjunto de celebrações e ritos que constituem esse caminho. Destinado aos catequizandos adultos, pode e deve ser adaptado aos itinerários para crianças e adolescentes. É importante ressaltar que o RICA é um livro litúrgico, portanto, não propõe o conteúdo dos encontros da catequese; porém, ele é a espinha dorsal que define o planejamento dos temas ao longo de todo o processo, sendo uma referência que contribui, de maneira expressiva, para uma catequese de inspiração catecumenal e, portanto, para seu catequista.

Durante este estudo, procuraremos reunir elementos que ajudem a melhor compreender qual e como deve ser a atuação do catequista da inspiração catecumenal.

CATEQUESE DE INSPIRAÇÃO CATECUMENAL

1

A inspiração catecumenal se relaciona com a experiência dos primeiros séculos denominada catecumenato, que era o tempo de preparação para aqueles que aderiam a Jesus Cristo. A Igreja nos pede, insistentemente, para nos voltarmos para essa experiência com discernimento e sabedoria, isto é, mantendo o que é essencial, mas olhando para nossas realidades, sem nos prendermos a regras inflexíveis; esse é o sentido de uma inspiração. Os elementos essenciais do catecumenato do início do cristianismo que devem, então, ser conservados, são: o caráter cristocêntrico, gradual, progressivo e processual. Numa proposta de catequese de inspiração catecumenal, faz-se necessário destacar a importância da Liturgia como dimensão celebrativa da fé, o conhecimento da ação pastoral da comunidade e a ação sociotransformadora da sociedade.

Nesse processo formativo, os sujeitos dessa ação catequética devem, sempre, ser a prioridade, o que significa conhecê-los e respeitá-los em seus aspectos pessoal, social, afetivo e intelectual. Um aspecto importante e que merece ser mencionado é a possibilidade de oferecer uma catequese de inspiração catecumenal em diferentes situações: nas celebrações com catequistas ou com os pais dos catequizandos; nas formações oferecidas nas diferentes pastorais ou movimentos, como os encontros em preparação para o matrimônio ou para o Batismo; nas formações na Pastoral Litúrgica ou outras ocasiões, de conhecimento ou de aprofundamento que reúnam os agentes de pastoral.

A mistagogia, elemento fundamental no processo da Iniciação à Vida Cristã, é o meio pelo qual a pessoa é levada a mergulhar nos mistérios da fé. É uma caminhada para compreender e viver a Liturgia, conhecer e compreender a teologia cristã e para desenvolver sua espiritualidade. A mistagogia leva o cristão a vivenciar o Evangelho no seu dia a dia, dando testemunho na sociedade, como verdadeiro discípulo de Jesus Cristo. Uma catequese de inspiração catecumenal precisa ser mistagógica para conduzir seus catequizandos no aprofundamento do conhecimento e na vivência da fé.

O que, então, realmente é a Iniciação à Vida Cristã de inspiração catecumenal?

É trazer para nossa prática catequética de hoje um caráter mais mistagógico, com encontros de catequese centrados no anúncio da Palavra, acontecendo em uma ambientação adequada, com uma motivação atraente e recorrendo a símbolos, apropriando-se de tudo que possa colaborar para que a pessoa experimente o encontro com Cristo e se torne um verdadeiro discípulo missionário, atuante e presente na comunidade.

De acordo com o Diretório para a Catequese, a catequese de inspiração catecumenal tem como elementos essenciais:

- *Caráter pascal:* propõe a centralidade da nossa fé, o mistério da Paixão, Morte e Ressurreição de Cristo. O caráter pascal, do processo de Iniciação Cristã, ajuda o catequizando a perceber passagens pascais nos momentos mais intensos da própria vida (cf. DC, n. 64a).
- *Caráter iniciático:* conduz os catequizandos ao Mistério de Cristo e da Igreja. É a introdução "a todas as dimensões da vida cristã, ajudando cada um a iniciar, na comunidade, a sua jornada pessoal de resposta a Deus que o buscou" (cf. DC, n. 64b).
- *Caráter litúrgico, ritual e simbólico:* manifestado nos símbolos, ritos e celebrações que envolvem os sentidos e os afetos dos catequizandos. É por meio dos símbolos que a catequese ensina e valoriza os sinais litúrgicos para uma geração "que geralmente considera significativas somente as experiências que a tocam em sua corporeidade e afetividade" (cf. DC, n. 64c).
- *Caráter comunitário:* recorda que a ação catequética não é apenas para alguns, mas é um ato comunitário no qual todos os membros são responsáveis pelos catequizandos. A comunidade, pela experiência da comunhão, é responsável pelo anúncio da fé. Dessa forma, "A catequese inspirada no catecumenato integra a contribuição de diferentes carismas e ministérios, revelando o interior que regenera à fé a comunidade" (DC, n. 64d).
- *Caráter de conversão permanente e de testemunho:* contribui para que, por meio dos ritos e da catequese, os catequizandos possam adquirir uma nova forma de existência e pensamento, promovendo um novo jeito de ser e agir, orientado para uma nova vida em Cristo. Essa conversão não é imediata, "mas dura toda a vida, educa a descobrir-se pecadores perdoados" (cf. DC, n. 64d).
- *Caráter de progressividade da experiência formativa:* a catequese deve respeitar a dinâmica do crescimento e do amadurecimento humano, propondo um itinerário estruturado de modo gradual e progressivo, de acordo com a realidade em que catequistas e catequizandos estão inseridos.

De acordo com esses elementos, podemos dizer que a catequese de inspiração catecumenal resgata as características principais do antigo catecumenato, assim sintetizadas:

- **Bíblica:** tem a mensagem bíblica como centro e permite que catequizandos e catequistas tenham um maior contato e maior intimidade com a Palavra de Deus. Nesse contexto, a Leitura Orante contribui para a meditação e a compreensão querigmática da Palavra.
- **Simbólica:** o uso de símbolos resgata o sentido da catequese, pois eles ajudam a entender melhor o conteúdo de cada encontro e são um meio mais eficaz para sensibilizar os catequizandos e a comunidade, principalmente os familiares.
- **Litúrgica:** as celebrações são essenciais no processo catequético, pois ajudam o catequizando a vivenciar e ampliar as reflexões realizadas nos encontros. Mas é preciso cuidado para que essas reflexões não fiquem restritas ao intelecto, mas ajudem "o catequizando a apropriar-se do significado das palavras, dos símbolos, dos gestos e dos ritos, por meio de uma vivência profunda do que está celebrando." (PUPO, 2020, p. 20).
- **Vivencial:** essa característica leva o catequizando e sua família a fazer uma experiência concreta daquilo que foi aprendido na catequese. Trata-se de uma característica que desperta o catequizando a reconhecer a necessidade de realizar uma ação concreta na família e na comunidade, tendo como fundamento os valores evangélicos. É viver na prática os ensinamentos de Cristo, na doação e no serviço às pessoas e à comunidade onde está inserido.
- **Promotora da conversão:** anima o catequizando a mudar de vida, a se transformar e se comprometer com o desejo de tornar-se uma pessoa sempre melhor, deixando o Espírito Santo agir em sua vida.

Concluindo, a catequese de Iniciação à Vida Cristã de inspiração catecumenal visa levar o catequizando a ter um encontro vivo, envolvente e atraente com Jesus Cristo, a experimentar uma verdadeira conversão por meio dos ensinamentos evangélicos e a tornar-se um discípulo-missionário atraído pela Palavra de Deus, atuante na comunidade, na qual dá testemunho com seu exemplo de vida, e participante das celebrações na comunidade.

2

O CATEQUISTA E A INSPIRAÇÃO CATECUMENAL

Como agente de pastoral, o catequista é chamado a ser tornar um especialista na arte de acompanhar os processos daqueles que lhes são confiados pela Igreja (cf. DC, 113). De acordo com o Papa Francisco, a arte de acompanhar significa parar diante dos irmãos e irmãs e "tornar presente a fragrância da presença solidária de Jesus e o seu olhar pessoal" (EG, n. 169); assim sendo, podemos dizer que o catequista é aquele que faz sempre ressoar o primeiro anúncio, também chamado de querigma, que é o centro da evangelização.

O querigma, no entanto, não deve ser apresentado somente no início da cate- quese, mas em todo o processo catequético, sempre de forma a ajudar a pessoa a compreender e aderir ao amor salvífico de Deus. Para que essa adesão aconteça, a alegria, a harmonia, a vitalidade, o acolhimento, a proximidade, o diálogo, a pa- ciência e a ausência de pré-julgamento são atitudes que precisam estar presentes nas palavras e nas ações do catequista para tornar a catequese um espaço de reflexão e discernimento a partir dos valores evangélicos.

O catequista é um instrumento importante no caminho do desenvolvimento e amadurecimento da fé dos catequizandos (RICA, n. 48). É alguém com sensibili- dade para assumir o Evangelho na vida concreta e preocupado com o desenvol- vimento da comunidade. Isso implica que o catequista da inspiração catecumenal "[...]é uma pessoa integrada no seu tempo e identificada com sua gente, tendo capacidade de compreender, analisar e criticar a realidade social, política e econô- mica à luz dos ensinamentos da Igreja" (CNBB, 2014, p. 60).

ILUMINAÇÃO BÍBLICA: At 9,10-19.

No Livro dos Atos dos Apóstolos, lemos como Ananias esteve ao lado de Saulo em sua conversão (cf. At 9,10-19); podemos, a partir desse texto, olhar para as atitudes de Ananias e relacioná-las àquelas que espera-se encontrar nos catequistas. Vejamos:

Ananias teve uma visão na qual Jesus o convidava para evangelizar um ho- mem cego, de nome Saulo – é o chamado para ser catequista. Ele indagou ao Senhor: como poderia evangelizar aquele homem que havia assassinado vários cristãos e pretendia também matá-lo? Dominado por preconceitos e pré-julga- mentos, Ananias duvidou. Muitas vezes, nós também reagimos assim; porém deixando aflorar aquilo que é próprio do ser catequista, somos motivados para não deixar que esses sentimentos ditem nossas ações.

Diante da reação de Ananias, o Senhor insiste para que ele vá ao encontro de Saulo. Isso nos ensina que Deus, que nos conhece bem e nunca nos abandona, não deixa que nos sintamos desanimados por pensamentos ou ideias alheios a nossa missão. Por fim, Ananias vai ao encontro de Saulo e o catequiza, acabando com sua cegueira espiritual e fazendo com que ele enxergue o verdadeiro Cristo, aquele que veio para nossa salvação. O catequista Ananias, movido por um amor fraterno, acompanhou Saulo em seu processo de conversão. Essa é a atitude do catequista da inspiração catecumenal: acolher seu catequizando amorosa e fraternalmente e acompanhá-lo com alegria em sua caminhada de fé.

Como Ananias, o catequista da inspiração catecumenal deve deixar transparecer um rosto humano e cristão. À luz do texto de Atos dos Apóstolos, podemos identificar que esse catequista é uma pessoa que:

- Tem amor para com o outro e aceita com entusiasmo o chamado para evangelizar: **pessoa amorosa**.
- Sabe discernir, criticar, dialogar, interagir e se relacionar com o outro: **pessoa com equilíbrio emocional, social e psicológico**.
- Pratica a Leitura Orante da Palavra, participa das celebrações eucarísticas com entusiasmo e vive sua espiritualidade pessoal e comunitariamente, sendo alguém que "coloca-se na escola do Mestre e faz com Ele uma experiência de vida e de fé. Alimenta-se das inspirações do Espírito Santo para transmitir a mensagem com coragem, entusiasmo e ardor" (DNC, n. 264): **pessoa de oração**.
- Vê o rosto de Jesus no pobre, no necessitado, na criança abandonada, nos marginalizados pela sociedade e sua oração "é aberta aos problemas pessoais e sociais" (DGC, n. 87). O catequista defende a vida em todas as suas dimensões e está sempre do lado das lutas do povo: **pessoa preocupada com a realidade**.
- Sabe a importância da formação pessoal para sua prática catequética tendo clareza de que "Assumir a missão catequética é cuidar com esmero de sua autoformação" (DNC, n. 267). O mundo e a sociedade estão em evolução e progresso contínuos, por isso é necessária uma formação permanente; a catequese necessita de pessoas que estejam dispostas a aprender para dar testemunho convicto da sua fé: **pessoa sempre atenta à sua formação**.
- Valoriza amizades e relações positivas e está em comunhão consigo, com o outro, com a Igreja e com Deus. Comunica o Evangelho testemunhando sua fé para chegar ao coração dos catequizandos: **pessoa aberta à comunhão com os outros**.

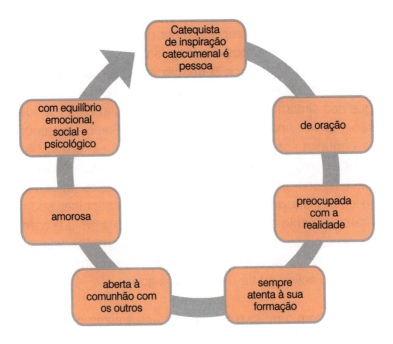

Por fim, o catequista de inspiração catecumenal é aquele que faz da sua catequese:

- Uma experiência bíblica "tendo como centralidade o Mistério Pascal e o anúncio querigmático" (PUPO, 2022, p. 24).
- Um processo iniciático em todas as dimensões da fé.
- Uma experiência mistagógica, resgatando a simbologia e fazendo "viva a experiência da comunidade como expressão mais coerente da vida da Igreja, que encontra na celebração da Eucaristia a sua forma mais visível" (DC, n. 219).
- Uma experiência comunitária, que faz o anúncio evangélico no contato pessoa a pessoa, entendendo que o processo catequético acontece em uma comunidade de fé.

PARA PENSAR E PARTILHAR

Formar três grupos que terão um texto bíblico para reflexão, como indicado:

Grupo Catequese – Jo 4,1-39
Grupo Inspiração – Lc 24,13-35
Grupo Catecumenal – At 10,1-48

- Cada catequista, nos três grupos, deverá receber um retalho de pano, fio para costura, agulha e canetinhas.

- Cada grupo deverá ler e refletir sobre o texto bíblico indicado, relacionando-o ao texto sobre a catequese de inspiração catecumenal. Concluídas a leitura e a reflexão, os grupos deverão identificar as características de inspiração catecumenal em seus textos bíblicos, analisar qual personagem do texto tem o papel de catequista e se esse personagem tem as características de um catequista da inspiração catecumenal.
- Na sequência, cada catequista irá escolher e escrever no seu retalho de pano a palavra que melhor define o que aprendeu nesse estudo; depois, cada grupo irá costurar os seus retalhos para formar três colchas: "colcha da Catequese", "colcha da Inspiração" e "colcha Catecumenal".
- Um representante de cada grupo faz uma breve partilha com todos os participantes do encontro a partir das palavras escolhidas e das reflexões realizadas.
- Ao final, as três colchas devem ser costuradas, formando uma única "colcha da inspiração catecumenal". Sugere-se que essa colcha sempre esteja presente nas formações dos catequistas.

TRANSFORMANDO EM ORAÇÃO

Convicto, com o desejo de ser verdadeiro catequista da inspiração catecumenal e ministro da Palavra, rezar a oração.

Senhor, eu quero ouvir-te, quero fazer florescer e frutificar a tua Palavra. Que eu seja um instrumento em tuas mãos para levar os teus ensinamentos a todos. Que eu não desanime frente aos desafios, não perca o meu encanto pela tua Pessoa, nem me torne um solo árido e seco, mas que eu seja uma fonte abundante de acolhimento e bondade. Amém!
Pai nosso...

Que Deus nos abençoe, em nome do Pai e do Filho e do Espírito Santo. Amém.

A PALAVRA DE DEUS DÁ SENTIDO E ILUMINA TODAS AS COISAS

Maria do Carmo Ezequiel Rollemberg

"Permanecei em mim, e eu permanecerei em vós. Como o ramo não pode dar fruto por si mesmo, se não permanecer na videira, assim também vós não podereis dar fruto se não permanecerdes em mim".

(Jo 15,4)

EU, CATEQUISTA

Concluído seu estudo, você é convidado a refletir sobre a pessoa do catequista, isto é, sobre quem é o catequista e seu papel na comunidade.

A missão do catequista, como sabemos, exige uma formação continuada. Porém é preciso cuidar para não priorizar apenas o SABER ou o SABER FAZER; é preciso ter um olhar cuidadoso e constante para o SER do catequista, sua vivência pessoal e comunitária da fé, seu testemunho e seu compromisso com a transformação do mundo. O catequista deve se sentir seduzido pelo encontro com o Senhor (cf. Jr 20,7) e deixar transbordar a alegria e a esperança que brotam desse encontro.

Para esse momento de reflexão, são propostos alguns passos a partir de textos bíblicos, cada um deles trazendo luz sobre uma característica dentre as muitas do ser do catequista.

RECURSOS

Mesa e toalha branca; suporte para Bíblia; Bíblia; crucifixo; vela grande; pano branco grande; pequenos vasos de flores ou folhagens; documentos da Igreja sobre a Catequese citados no estudo. Para cada participante, um pequeno cartão com uma imagem, um versículo ou uma mensagem animadora para ser entregue ao final da reflexão.

Preparar um refrão meditativo ou de um Salmo relacionado a cada passo proposto, que poderá ser cantado antes da leitura do texto bíblico.

AMBIENTAÇÃO

No centro do local do encontro, colocar uma mesa coberta com toalha; sobre a mesa, colocar no centro um suporte para Bíblia e o crucifixo; ao lado da Bíblia colocar a vela (acesa ao iniciar esse momento de reflexão); no chão, junto à mesa, sobre o pano, colocar os vasos com flores. Se for possível, sobre o pano colocar também os documentos da Igreja sobre a Catequese.

1º Passo Encantamento — O CATEQUISTA SE DEIXA SEDUZIR POR JESUS CRISTO

Texto bíblico: Jo 1,40-42.

• Reflexão

- O catequista é um homem ou uma mulher comum na comunidade que, um dia, ouviu o chamado de Jesus e, como Simão e André, viveu a experiência do encontro com o Senhor.
- Um amigo atuante na comunidade, um padre, um coordenador ou um membro da coordenação da catequese ou, talvez, a vontade de acompanhar um filho no caminho da catequese são meios pelos quais se deu o apelo de Jesus para que o seguisse.
- O encontro com o Senhor teve como consequência a decisão de segui-lo de perto e anunciá-lo com suas atitudes e palavras.
- O catequista, então, se faz discípulo, isto é, aceita Jesus como Mestre e Senhor de sua vida. Livre e conscientemente, "deixa-se seduzir" e decide segui-lo e unir-se a ele de maneira definitiva.
- Como discípulo, o catequista assume o Evangelho como seu programa pessoal de vida e adota as atitudes do Mestre.

Oremos: Senhor, tu me chamaste, como um dia chamaste Simão e André. Ouvi teu chamado e decidi também seguir-te, movido pelo teu Espírito e animado pela esperança que tu me deste. Contigo compreendi e me encantei pela proposta de que servir ao Reino de Deus é fazer a vontade do Pai no mundo, como tu fizeste. Que eu diga como Paulo: "Não sou eu que vivo, mas Cristo que vive em mim" (Gl 2,20). Amém.

2º Passo
Fidelidade

O CATEQUISTA É AMIGO FIEL DE JESUS

Texto bíblico: Jo 15,14-17.

• Reflexão

- O amor de Deus passa pelo amor ao outro: não há como amar a Deus sem amar o próximo.
- No rosto de cada pessoa transparece o rosto de Jesus; por isso, pela fé, nós acolhemos todos como irmãos e a eles dedicamos nosso amor fraterno.
- Os acontecimentos da nossa vida e a realidade a nossa volta são o projeto do Reino de Deus acontecendo; por isso, pela fé, os aceitamos com mansidão.
- A intimidade com o Evangelho nos aproxima de Jesus e abre nosso coração para ouvi-lo.
- A participação nas celebrações comunitárias, especialmente nas celebrações eucarísticas, a oração pessoal e a convivência na comunidade são canais indispensáveis para cultivarmos a amizade com Jesus Cristo, que quer ser nosso companheiro de caminhada.

Oremos: Meu amigo Jesus, quero ser fiel a tua proposta e viver na tua presença, Senhor! Quero que estejas comigo quando eu usar os dons que, por tua graça, recebo. Quero que estejas comigo quando o cansaço chegar, para repousar no teu abraço. Quero que estejas comigo para que eu sinta a paz que só tu podes me dar. Amém.

3º Passo
Coragem

O CATEQUISTA VIVE ILUMINADO PELO ESPÍRITO SANTO

Texto bíblico: Jo 16,12s.

• Reflexão

- Jesus iniciou sua missão com as palavras do livro do profeta Isaías: "O Espírito do Senhor está sobre mim, porque ele me ungiu e me enviou para dar a boa notícia aos pobres" (Is 61,1).
- Esse mesmo Espírito inspirou os apóstolos no início da Igreja, ajudou-os a compreender a Palavra e lhes deu coragem para anunciá-la.
- Antes de voltar à casa do Pai, Jesus prometeu aos apóstolos que receberiam o Espírito Santo, que lhes daria força para darem testemunho "até os confins da terra" (At 1,8).
- Ao receberem o Espírito Santo, os apóstolos foram transformados e se sentiram fortes para anunciar o Evangelho.
- O catequista recebeu o Espírito Santo, no Batismo e na Confirmação, para ser testemunha do Reino nas comunidades.
- É preciso tomar consciência de que o Espírito Santo está à frente e age em todas as criaturas, nas comunidades e no mundo, transformando e renovando a face da terra.

Oremos: Senhor Jesus, tenho consciência das minhas limitações, mas sei que tua promessa se cumpriu também em mim e teu Santo Espírito está comigo. É ele que me move para ser tua testemunha e para anunciar o Reino de Deus. Que ele me conceda coragem para nunca desanimar em minha missão como catequista! Amém.

4º Passo — Missão

O CATEQUISTA É UM ENVIADO DE JESUS CRISTO

Texto bíblico: 2Tm 1,8-12.

• Reflexão

- Seduzido pelo Senhor, o discípulo é enviado em missão, tornando-se apóstolo de Jesus Cristo.
- Os Doze chamados por Jesus representam toda a Igreja, que recebe de Jesus o mandato para anunciar o Evangelho.
- São Paulo escreveu que nos tornamos apóstolos pela graça recebida por meio de Jesus (cf. Rm 1,5) para conduzir homens e mulheres à obediência da fé, para glória do nome do Senhor.
- O apóstolo é um evangelizador; São Paulo era profundamente consciente de sua missão e afirmou: "Ai de mim se eu não anunciar o Evangelho!" (1Cor 9,16).
- Os motivos que nos fazem anunciar o Evangelho estão fortemente relacionados a Jesus: porque ele nos mandou anunciar a Boa-nova a toda a humanidade (cf. Mc 16,15); porque quem se encanta pelo Mestre e tem nele uma fonte inesgotável de vida e de amor, não guarda esse amor só para si, mas sente necessidade sincera de falar sobre seu Senhor; porque o Evangelho liberta e dá vida: "Eu vim para que todos tenham vida" (Jo 10,10).

Oremos: Senhor Jesus, tu me chamaste como um dia chamaste Paulo. Inundado pelo teu amor, assumi a missão que me deste e quero que minha vida seja comunicação do teu Evangelho, para que aqueles que me são confiados na catequese possam descobrir e sentir também o teu amor. Quero um dia dizer como Paulo: "Ai de mim se eu não anunciar o Evangelho!" (1Cor 9,16). Amém.

O CATEQUISTA É TESTEMUNHA DE ESPERANÇA

**5º Passo
Confiança**

Texto bíblico: Hb 6,9-12.

• Reflexão

- Jesus disse para termos confiança, porque ele venceu o mundo (cf. Jo 16,33); essas palavras devem estar gravadas na mente e no coração do catequista para que, mesmo diante das dificuldades, ele não desanime.
- O catequista vive com esperança, porque sabe que quem está à frente do seu trabalho é o Espírito Santo.
- O catequista vive com esperança, confiança e alegria, porque sabe que o Reino de Deus é obra do Senhor, na qual participa como instrumento atraído por ele.
- O catequista tem convicção e, como Paulo, afirma "Eu sei em quem pus minha confiança" (2Tm 1,12).
- Salve *Rainha, Mãe de misericórdia, vida, doçura e esperança nossa, salve!* Maria é nosso modelo de pessoa que transborda esperança. Mesmo diante da perseguição a Jesus, sua prisão e crucificação, manteve inabalável a esperança, que a fez permanecer junto à cruz

Oremos: Meu Senhor e meu Deus, a ti entrego meu serviço na catequese, confiante em tua promessa de estar sempre ao nosso lado. Sei que sou apenas um em meio a tantos outros que, atraídos por ti, assumem a missão de anunciar teu Nome ao mundo. Mas sei também que esperas que eu cumpra a minha parte, para que tu sejas tudo em todos. Fica ao meu lado, Senhor Jesus, porque sem ti nada posso! Maria, exemplo de confiança, Mãe da Santa Esperança, inunda-me com tua fé e tua esperança para que, como tu, eu nunca abandone a confiança no Pai. Amém.

**6º Passo
Intimidade**

O CATEQUISTA É PESSOA DE ORAÇÃO E AÇÃO

Texto bíblico: Mt 6,6-8.

• Reflexão

- A oração é necessária para o catequista; ela o faz pensar sobre suas decisões e atitudes, buscar entender a vontade de Deus e mudar sua prática no seguimento de Jesus, se necessário.
- Nossa oração deve ser oferecida a Deus com simplicidade e confiança, pois ele é nosso Pai.
- O catequista experimenta a oração espontânea, aquela que brota do seu coração, e a oração formal, aquela com palavras prontas; e sabe que empobrece sua oração se escolher apenas uma delas. Deus se agrada da nossa oração, espontânea ou formal, se ela for sincera.
- A oração pessoal é muito importante para aprofundar a intimidade com Jesus; mas os momentos de oração com a família, com os catequizandos ou catequistas e com toda a comunidade eclesial são, também, valiosos para o amadurecimento da fé.

Oremos: Senhor Jesus, como os discípulos, quero também agora pedir que me ensines a rezar e a fazer da minha oração um momento de intimidade e crescimento diante de ti. Que, por teu exemplo, minha oração seja sempre aberta às necessidades dos irmãos. Que teu Espírito me ajude a entender o valor da oração para renovar e transformar o mundo. Amém.

7º Passo
Obediência

O CATEQUISTA FAZ A VONTADE DE DEUS

Texto bíblico: At 20,24.

● Reflexão

- Jesus, sendo Deus, em sua vida terrena, foi obediente ao Pai e em tudo fez a sua vontade, até às últimas consequências: a morte na cruz.
- "Todo aquele que faz a vontade do meu Pai, que está nos céus, esse é meu irmão, minha irmã, minha mãe" (Mt 12,50).
- Agindo como Jesus, o catequista vive segundo o projeto de Deus para a humanidade.
- Um primeiro passo para entender qual é a vontade de Deus é entrar em sintonia com ele por meio da oração.
- E qual é a vontade de Deus? Amar no hoje da nossa vida e fazer tudo o que isso implica, amar uns aos outros como Jesus nos amou (cf. Jo 13,34).
- Quanto mais nos esforçamos para fazer a vontade do Pai, mais ele nos ilumina e ajuda a discernir o que quer de nós.
- Maria é aquela que, de maneira mais perfeita, cumpriu a vontade de Deus em todas as ocasiões.

Oremos: Maria, Mãe de Jesus e nossa Mãezinha, tu soubeste fazer a vontade de Deus em cada instante da tua vida. Ensina-me a ser obediente como tu foste e a dar o meu sim sem reservas ao projeto de Deus, nas coisas simples da vida e nos momentos mais difíceis. Quero, como tu, poder dizer: "Eis aqui a serva do Senhor!" (Lc 1,38).

8º Passo
Generosidade

O CATEQUISTA VIVE O PERDÃO

Texto bíblico: Lc 6,37s.

◆ Reflexão

- Jesus nos ensina o valor do perdão: o Pai nos perdoará conforme nosso perdão aos outros.
- Julgamentos, preconceitos, condenações são comportamentos contrários ao Evangelho.
- O catequista, chamado a colaborar na obra de Deus para construir uma nova sociedade, vive a generosidade, a compaixão e o perdão. Com seu testemunho de vida, ensina a não termos atitudes vingativas, a não usarmos da violência ou da prepotência e a procurarmos a convivência entre todos baseada na generosidade e no perdão.

Oremos: Senhor Jesus, tu nos ensinastes o valor de perdoar. Que eu nunca hesite em praticar o perdão, olhando com generosidade e compaixão para o irmão. Ajuda-me a ser, entre meus catequizandos, sinal da tua imensa generosidade e misericórdia! Amém.

9º Passo
Testemunho

O CATEQUISTA DÁ TESTEMUNHO COM SUA VIDA

Texto bíblico: 2Cor 4,8-10.

• Reflexão

- Animado pelo Espírito Santo, o catequista manifesta Jesus aos catequizandos.
- O testemunho é o primeiro momento no processo de evangelização e tem mais força que as palavras.
- O catequista precisa viver aquilo que anuncia aos outros, para que suas palavras não se tornem vazias.
- Jesus não prometeu uma vida sem tribulações aos seus discípulos, mas garantiu sua presença e a força do Espírito Santo para não sermos vencidos por nenhuma dificuldade.
- Pelo testemunho convicto dos discípulos de Jesus Cristo vem a possibilidade da transformação do mundo.

Oremos: Senhor Jesus, é grande minha alegria por poder testemunhar o teu Nome entre meus catequizandos e em minha comunidade. Fortalece-me, Senhor, para que meu testemunho traga paz, segurança e confiança nesses tempos de incertezas. Fica comigo, Jesus, pois é a tua presença ao meu lado que me move. Que eu nunca ceda à tentação de enaltecer-me, mas tudo faça para glória do teu Nome. Amém.

10º Passo — Perseverar

O CATEQUISTA PERMANECE UNIDO A JESUS

Texto bíblico: Jo 15,1-12.

• Reflexão

- Nesse texto do evangelista João é forte a ênfase no "permanecer". Permanecer tem o sentido de continuar sendo ou ficar, mas, também, de persistir, de perseverar.
- Jesus usa o exemplo da videira para falar sobre nossa relação com ele: ramo e videira não são distintos, um não existe sem o outro. Nós não existimos sem Jesus: ele é o todo e nós somos parte dele.
- Um ramo que não dá frutos não tem serventia. E para dar frutos é preciso que o ramo esteja unido à videira, para dela receber a seiva da vida. Longe de Jesus não produzimos frutos, não temos serventia, ele mesmo afirmou: "Sem mim vocês não podem fazer nada" (Jo 15,5).
- Só dá frutos quem permanece em Jesus, quem persevera na fé, no amor a ele e aos outros. Quem age assim é "cuidado" por Deus, que tira da nossa vida aquilo que impede a "seiva" de Jesus em nós.
- O que Jesus vive com o Pai deve ser modelo para nossa vida, como ele mesmo afirmou: "Assim como o Pai me amou, também eu amei vocês. Permaneçam no meu amor" (Jo 15,9).
- Os frutos que somos chamados a produzir são a justiça, a caridade, o testemunho, as boas obras e tudo o que desses sobrevém.
- Maria, mulher simples, cheia de fé e confiança em Deus, soube permanecer unida a seu Filho Jesus. Em meio às aflições e provações, não desistiu, mas perseverou abandonando-se completamente nas mãos do Pai.

Oremos: Maria, Senhora nossa, tu soubeste permanecer definitivamente unida a teu Filho Jesus. Mostra-me, Mãezinha, o teu caminho de serenidade, perseverança e paz interior, o mesmo que quero seguir, ainda que em meio a tribulações: permanecer unido a Jesus, em total confiança, e dele nunca me separar. Amém.

COMPROMISSO PESSOAL

Observando as dez palavras-chave que guiaram os passos nesse momento de oração e reflexão, pense sobre o que faz, como se sente e sobre o que precisa melhorar para assumir a missão de seu ministério de ser catequista. Depois, escolha e anote um compromisso pessoal e uma meta em seu ministério de ser catequista.

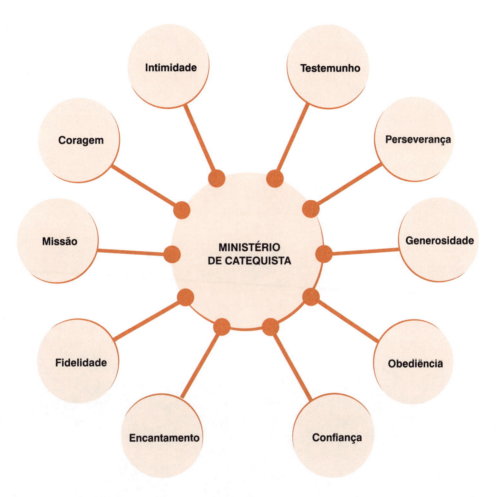

REFERÊNCIAS

AGOSTINHO, Santo. *Confissões*. Bragança Paulista: Editora Universitária São Francisco, 2003 [Coleção Pensamento Humano].

ALEIXANDRE, D. *Bem-aventurados sois...* – Memória de duas discípulas. São Paulo: Paulinas, 2008 [Coleção Espiritualidade Bíblica].

ALMEIDA, L.P. (Pe.). *A Carta Magna do Cristianismo*. Disponível em: <https://www.padrelucas.com.br/evangelho-do-dia/lucas-6-20-26-quatro-bem-aventurancas-e-as-quatro-maldicoes-do-evangelho-de-lucas-explicacao-da-biblia-em-capitulos-e-versiculos-o-amanhecer-do-evangelho-reflexoes-e-ilustracoes-de-pe/> Acesso em: 26 de jun. de 2022.

BENTO XVI. *Exortação Apostólica Pós-Sinodal Verbum Domini* – Sobre a Palavra de Deus na vida e na missão da Igreja. 3. ed. São Paulo: Paulinas, 2010.

BENTO XVI ; FRANCISCO. *A profissão da fé* – Catequeses sobre o Credo. São Paulo; Paulus, 2018.

Bíblia de Jerusalém. São Paulo: Paulus, 2002

Bíblia Sagrada. Petrópolis: Vozes, 2012.

Bíblia Sagrada. Tradução oficial da CNBB. Brasília: Edições CNBB, 2018.

BOSELLI, G. *O sentido espiritual da liturgia*. Brasília: Edições CNBB, 2017.

BUYST, I. *Mística e liturgia* – Beba da fonte! São Paulo: Paulinas, 2006.

BRANDES, O. *Cartilha sobre Iniciação Cristã*. Disponível em: <https://docs.google.com/document/edit?id=1O4OBlxiFOj4epvxZpHwqw6YfXghmztmqq0jJNd-K_AU#> Acesso em: 10 jul. 2022.

CATECISMO DA IGREJA CATÓLICA. Petrópolis: Vozes, 1999.

CELAM. *A caminho de um novo paradigma para a catequese*. Brasília: Edições CNBB, 2008.

CELAM. *Conclusões da Conferência de Medellin -1968* – Trinta anos depois, Medellín é ainda atual? São Paulo: Paulinas,1998

CELAM. *Manual de Catequética*. São Paulo: Paulus, 2007.

CNBB (CONFERÊNCIA NACIONAL DOS BISPOS DO BRASIL). *Catequese renovada:* orientações e conteúdo. São Paulo: Paulinas, 1991 [Documentos da CNBB 26].

CNBB (CONFERÊNCIA NACIONAL DOS BISPOS DO BRASIL). *Diretório Nacional de Catequese*. São Paulo: Paulinas, 2006.

CNBB (CONFERÊNCIA NACIONAL DOS BISPOS DO BRASIL). *Formação de catequistas*. São Paulo: Paulinas, 1990 [Estudos da CNBB 59].

CNBB (CONFERÊNCIA NACIONAL DOS BISPOS DO BRASIL). *Iniciação à vida cristã*: itinerário para formar discípulos missionários. Brasília: Edições CNBB, 2017 [Documentos da CNBB 107].

CNBB (CONFERÊNCIA NACIONAL DOS BISPOS DO BRASIL). *Itinerário Catequético*: Iniciação à vida cristã – um processo de inspiração catecumenal. Brasília: Edições CNBB, 2014.

CONCÍLIO ECUMÊNICO VATICANO II. *Constituição Dogmática* Lumen Gentium. In: KLOPPENBURG, Frei Boaventura (org.). Compêndio do Vaticano II: constituições, decretos, declarações. Petrópolis: Vozes, 1968.

CONCÍLIO ECUMÊNICO VATICANO II. *Constituição Pastoral* Gaudium et Spes. In: KLOPPENBURG, Frei Boaventura (org.). Compêndio do Vaticano II: constituições, decretos, declarações. Petrópolis: Vozes, 1968.

CONFERÊNCIA NACIONAL DOS BISPOS DO BRASIL. *Celebrar e crescer na fé*: catequese e liturgia. Brasília: Edições CNBB, 2008.

CONFERÊNCIA NACIONAL DOS BISPOS DO BRASIL. *Constituição* Sacrosanctum Concilium. A Sagrada Liturgia – Uma leitura popular. Brasília: Edições CNBB, 2019.

CONFERÊNCIA NACIONAL DOS BISPOS DO BRASIL. *Missão e ministérios dos cristãos leigos e leigas*. São Paulo: Paulinas, 1999 [Documentos da CNBB 62].

CONGREGAÇÃO PARA O CLERO. *Diretório Geral para a Catequese*. São Paulo: Paulinas, 2009.

CONGREGAÇÃO PARA O CULTO DIVINO. *Ritual de Iniciação Cristã de Adultos*. São Paulo: Paulinas, 2011.

COMPÊNDIO DO CATECISMO DA IGREJA CATÓLICA. São Paulo: Edições Loyola, 2005.

DELORME, J. *Leitura do Evangelho Segundo Marcos*. 4. ed. São Paulo: Paulus, 1982.

DRUON, M. *O menino do dedo verde*. 109 ed. Rio de Janeiro: José Olympio, 2017.

FRANCISCO. *Audiência geral*: 1ª de abril de 2020a. Disponível em: https://www.vatican.va/content/francesco/pt/audiences/2020/documents/papa-francesco_20200401_udienza-generale.html. Acesso em: 26 set. 2022.

FRANCISCO. *Carta Apostólica em forma de* Motu Proprio Antiquum Ministeriu: pela qual se institui o Ministério de Catequista. Brasília: Edições CNBB, 2021 [Documentos Pontifícios 48].

FRANCISCO. *Carta Encíclica* Laudato Si' – Sobre o cuidado da casa comum. São Paulo: Paulinas, 2015.

FRANCISCO. *Carta Encíclica* Fratelli Tutti – Sobre a fraternidade e a amizade social. São Paulo: Paulinas, 2020b.

FRANCISCO. *As catequeses do Papa Francisco sobre as bem-aventuranças*. 2020c. Disponível em: https://www.vaticannews.va/pt/papa/news/2020-05/papa-francisco-catequeses-bem-aventurancas-audiencia-geral.html. Acesso em: 26 set. 2022.

FRANCISCO. *Catequese do Papa Francisco sobre as bem-aventuranças*. 2020d. Disponível em: <https://noticias.cancaonova.com/especiais/pontificado/francisco/catequese-papa-francisco-sobre-bem-aventurancas-290120/> Acesso em: 22 jun. 2022.

FRANCISCO. *Catequeses – "Curar o Mundo"*: 5. A solidariedade e a virtude da fé. 2020e. Disponível em: <https://www.vatican.va/content/francesco/pt/audiences/2020/documents/papa-francesco_20200902_udienza-generale.html>Acesso em: 22 jun. 2022.

FRANCISCO. *Exortação Apostólica* Christus Vivit – Para os jovens e para todo o povo de Deus. Brasília: Edições CNBB, 2019.

FRANCISCO. *Exortação Apostólica* Evangelii Gaudium – Sobre o anúncio do Evangelho no mundo atual. São Paulo: Paulinas, 2013.

FRANCISCO. *Exortação Apostólica* Gaudete et Exsultate – Sobre o chamado à santidade no mundo atual. São Paulo: Paulus, 2018.

GEORGE, A. *Leitura do Evangelho Segundo Lucas*. 3. ed. São Paulo: Paulinas, 1982.

GUILLET, J. *Jesus Cristo no Evangelho de João*. São Paulo: Paulinas. 1985.

HASTENTEUFEL, Z. (Dom). *O Catecismo ao alcance de todos* – Uma síntese do Catecismo da Igreja Católica. Brasília: Edições CNBB, 2013.

HENDRIKSEN, W. *Comentário do Novo Testamento:* MATEUS. Vol. 1. São Paulo: Cultura Cristã, 2001.

INSTITUTO BRASILEIRO DE NEURODESENVOLVIMENTO (IBND). *O que é sincericídio? Qual é a diferença da sinceridade?* Disponível em: <https://www.ibnd.com.br/blog/o-que-e-sincericidio-qual-a-diferenca-da-sinceridade.html> Acesso em: 12 out. 2022.

LEÓN-DUFOUR, X. *O Pão da Vida* – Um estudo teológico sobre a Eucaristia. Petrópolis: Vozes, 2007.

LUZ, U. *El Evangelio según san Mateo* – Mt 1-7. Vol. 1. Salamanca: Ediciones Sigueme, 1993.

MATERA, F.J. *Cristologia narrativa do Novo Testamento*. Petrópolis: Vozes, 2003.

MONASTERIO, R.A.; CARMONA, A.R. *Evangelhos sinóticos e Atos dos Apóstolos*. São Paulo: Ave-Maria, 1994.

O que é a Teoria do Caos. In: *Revista Mundo Estranho* n. 440. Disponível em: <https://super.abril.com.br/mundo-estranho/o-que-e-a-teoria-do-caos/> Acesso em: 25 de jun. de 2022.

Nova Bíblia pastoral. São Paulo: Paulus, 2014.

PAGAN, S. (Frei). *Bem-aventuranças Segundo Lucas*. Disponível em: <https://www.porciunculaniteroi.com.br/bem-aventurancas-segundo-lucas.html> Acesso em: 26 jun. 2022.

PAIVA, V. (Pe.). *Catequese e Liturgia:* Duas faces do mesmo Mistério. São Paulo: Paulus, 2008.

PAKALUK, M. *A ética a Nicômaco* – Uma chave para leitura. Petrópolis: Vozes, 2020.

PARO, T.F. (Pe.). *Celebrar e iniciar ao mistério: a liturgia*. Brasília: Edições CNBB, 2019.

PAULO VI. *Carta Encíclica* Populorum Progressio – Sobre o desenvolvimento dos povos. São Paulo: Paulinas, 1998.

PEIXOTO, P. *Partilhar a mesa.* Disponível em: https://catequizar.com.br/parti-lhar-a-mesa/?msclkid=01e79b41d03311ecba8f687e898c8c73> Acesso em: 22 de jun. de 2022.

PERUZZO, J.A. *E seguiram a Jesus...* – Caminhos bíblicos de iniciação. Brasília: Edições CNBB, 2018.

PONTIFÍCIO CONSELHO PARA A PROMOÇÃO DA NOVA EVANGELIZAÇÃO. *Diretório para a Catequese.* Brasília: Edições CNBB, 2020 [Documentos da Igreja 61].

PUPO, D.R. *Catequese... Sobre o que estamos falando?* Petrópolis: Vozes, 2018.

PUPO, D.R. *Inspiração Catecumenal...* – Sobre o que estamos falando. Petrópolis: Vozes, 2022.

RUSSO, R. (Pe.). *A Liturgia, fonte de vida plena.* Brasília: Edições CNBB, 2008.

SBCat. *A catequese a serviço da Iniciação à Vida Cristã.* Petrópolis: Vozes, 2018.

SILVA, A.V.F. (Dom) (SJC). *VI Domingo do Tempo Comum* – "Bem-aventuranças: mais que promessas de felicidade!" (Lc 6,17.20-26). Arquidiocese de Olinda. Disponível em:<https://www.arquidioceseolindarecife.org/vi-domingo-do-tempo-comum-bem-aventurancas-mais-que-promessas-de-felicidade-lc-617-20-26/> Acesso em: 26 de jun. de 2022.

VV.AA. *Leitura do Evangelho Segundo Mateus*. São Paulo: Paulinas, 1985.

VV.AA. *Youcat Brasil* – Catecismo Jovem da Igreja Católica. São Paulo: Paulus, 2011.

Conecte-se conosco:

 facebook.com/editoravozes

 @editoravozes

 @editora_vozes

 youtube.com/editoravozes

 +55 24 2233-9033

www.vozes.com.br

Conheça nossas lojas:

www.livrariavozes.com.br

Belo Horizonte – Brasília – Campinas – Cuiabá – Curitiba
Fortaleza – Juiz de Fora – Petrópolis – Recife – São Paulo

  Vozes de Bolso

EDITORA VOZES LTDA.
Rua Frei Luís, 100 – Centro – Cep 25689-900 – Petrópolis, RJ
Tel.: (24) 2233-9000 – E-mail: vendas@vozes.com.br